国际关系若干问题研究

张颖·著

时事出版社
北京

图书在版编目（CIP）数据

国际关系若干问题研究 / 张颖著. -- 北京：时事出版社，2024.12. -- ISBN 978-7-5195-0611-7

Ⅰ. D81

中国国家版本馆 CIP 数据核字第 2024LH0258 号

出 版 发 行：时事出版社
地　　　　址：北京市海淀区彰化路 138 号西荣阁 B 座 G2 层
邮　　　　编：100097
发 行 热 线：(010) 88869831　88869832
传　　　　真：(010) 88869875
电 子 邮 箱：shishichubanshe@sina.com
印　　　　刷：北京良义印刷科技有限公司

开本：787×1092　1/16　印张：14.5　字数：158 千字
2024 年 12 月第 1 版　　2024 年 12 月第 1 次印刷
定价：110.00 元

（如有印装质量问题，请与本社发行部联系调换）

本书为研究阐释党的十九届六中全会精神国家社科基金重点项目"国际大变局下新型国际关系构建研究"（批准号：22AZD102）和北京外国语大学"双一流"重大标志性项目"后疫情时代"中国与世界主要地区深化合作机制研究（批准号：2022SYLZD036）成果。

—— 目 录 ——
contents

第一部分 国际经济合作

国际经济合作新模式：第三方市场合作 …………………（3）
第三方市场合作的价值理念与发展演进 ………………（25）
三方合作：现状、路径及全球治理的多元化 ……………（38）
新区域主义视角下的东南亚经济合作 ……………………（65）
加强发展中国家团结合作的路径选择 ……………………（96）

第二部分 区域与次区域合作

RCEP框架下国际科技创新合作的路径 …………………（103）
博鳌亚洲论坛：区域治理与亚洲应对 ……………………（115）
"17+1合作"中的欧盟因素 ………………………………（119）
共建"一带一路"倡议在南太平洋岛国的实施路径 ……（140）
战略文化视阈下美国对太平洋岛国的策略与路径 ………（163）

第三部分 全球安全治理

全球治理与全球安全治理…………………………………（195）
海洋安全的理念认知、现实意义和实践路径 ……………（203）

第一部分

国际经济合作

国际经济合作新模式：
第三方市场合作

第三方市场合作是指中外多国企业共同在第三国的市场开展经济合作。① 第三方市场合作是国际多边经济合作的创新模式，其方式主要是中国企业与发达国家跨国企业合作，目标是实现"一带一路"高质量发展。尽管第三方市场合作已进入机制建设阶段，有关第三方市场合作的研究也在不断增多，但关于第三方市场合作的全面而系统的研究仍十分匮乏。② 这里拟根

---

① 中华人民共和国国家发展和改革委员会：《第三方市场合作指南和案例》，2019年9月4日，第2页，https://www.ndrc.gov.cn/fzggw/jgsj/wzs/sjjdt/201909/W020190909393562005115.pdf.

② 代表性文章包括曹文炼：《携手投资第三方市场，推进"一带一路"建设》，《华夏时报》2018年1月8日；张琳：《中日开展第三方市场合作的五大亮点》，《世界知识》2018年第21期；徐梅：《从"一带一路"看中日第三方市场合作的机遇与前景》，《东北亚论坛》2019年第3期；王厚双、张霄翔：《"一带一路"框架下中日加强在东盟第三方市场合作的对策思考》，《日本问题研究》2019年第2期，孙丽、张慧芳：《"一带一路"框架下中日第三方市场合作的可行性与模式选择》，《日本问题研究》2019年第2期；任晓菲：《推动中日第三方市场合作向东北亚腹地延伸》，《东北亚经济研究》2019年第2期；赵天鹏：《从"普遍竞争"到"第三方市场合作"：中日湄公河次区域合作新动向》，《国际论坛》2020年第1期。国外关于第三方市场合作的研究较为有限，如韩国学者朴胜阳等的《新兴国家对华战略：聚焦"一带一路"》（World Economy Brief, Vol. 9, No. 5, 2019, pp. 1 – 8.）等。

据最新公布的文献资料深入探讨第三方市场合作的缘起与发展、特点与效果。

一

一直以来，中国始终是多边主义的坚定支持者和维护者。在多边主义原则下，三方合作是一种比较容易为各方接受的合作方式。三方合作是指两个或多个国家与第三方合作的模式。这里的第三方包括政府、企业或多边组织，合作内容主要包括专业技能、技术和资源等方面的合作。相较于南北合作或南南合作，三方合作更包容、更可持续、参与主体更平等。区域内三方合作、跨区域三方合作和与国际组织在全球范围内开展的三方合作是三方合作的主要路径。中国与俄罗斯、蒙古国，中国与俄罗斯、印度及中国与联合国开发计划署、联合国环境规划署等国家和多边国际机构都开展了三方合作。[①]

近年来，在三方合作的基础上，中国政府进一步提出"第三方市场合作"这一国际经济合作的新模式，并大力推动这一模式的开展。2015年，在李克强访问法国期间，中法两国正式发表《中法关于第三方市场合作的联合声明》。此后的一段时期内，第三方市场合作成为中国对外经济合作乃至中国外交的重要创新点。2016年，中加两国签署《中国政府和加拿大政府关于开展第三方市场合作的联合声明》。2018年，中法两国表示，

---

① 张颖、汪心宇：《三方合作：现状、路径及全球治理的多元化》，《区域与全球发展》2019年第6期，第75—93页。

第一部分　国际经济合作　◇

将重点围绕共建"一带一路"倡议探讨共同开拓第三方市场的新型合作形式。在此前后，中国分别与英国、荷兰、德国、日本、比利时、意大利、西班牙等多个发达国家签署联合声明或谅解备忘录，开展第三方市场合作。2018年12月《中国对欧盟政策文件》指出："深化和拓展各领域务实合作，开展第三方市场合作，在交流合作中取长补短、良性互动、共同发展。"[1] 2019年3月，习近平出访意大利、摩纳哥、法国期间，反复倡导第三方市场合作。出访法国期间，两国元首共同见证第三方市场合作等双边合作文件的交换，两国签署第三方市场合作第三轮示范项目清单，启动第三方市场合作基金。习近平主席还与出席中法全球治理论坛闭幕式的法国总统马克龙、德国总理默克尔和欧盟委员会主席容克举行会晤，表示了扩大第三方合作的意愿。[2] 他在中法全球治理论坛闭幕式上讲话表示，中方愿继续推动共建"一带一路"倡议同欧盟"欧亚互联互通战略"对接，既推动双边合作，又推动第三方市场合作，实现各方互利共赢。[3] 同年4月，第二届"一带一路"国际合作高峰论坛圆桌峰会在北京召开。习近平在会见中外记者时强调：为构建全球互联互通伙伴关系，需要加强机制建设，"我们将深入对接各国和国际组织经济发展倡议和规划，加强双边和第三方市场合

---

[1] 《中国对欧盟政策文件》，《人民日报》2018年12月19日。
[2] 《习近平会见德国总理默克尔》，新华网，2019年3月27日，http://www.xinhuanet.com/politics/leaders/2019-03/27/c_1124286702.htm。
[3] 《习近平同出席中法全球治理论坛闭幕式的欧洲领导人举行会晤》，《人民日报》2019年3月27日。

作"。① 同年 6 月，G20 峰会在日本大阪召开，习近平主席在与韩国总统文在寅、日本首相安倍晋三、法国总统马克龙会谈时均表示：要深化第三方市场等广泛领域合作，打造新的合作增长点。② 同年 11 月，马克龙访华，第三方市场合作作为双方领导人着力推动的重要方向，多次被提及。同年 12 月，中日韩首脑会晤，第三方市场合作仍是几国领导人探讨的共同话题。在与习近平的会谈中，安倍晋三表示，日方愿同中方积极推进第三方市场合作。③ 截至 2019 年 6 月，中国已与 14 个国家建立了第三方市场合作机制。④ 这一年，中国分别与瑞士、新加坡签署第三方市场合作谅解备忘录，中华人民共和国国家发展和改革委员会（简称国家发改委）专门发布《第三方市场合作指南和案例》，第三方市场合作成为共建"一带一路"倡议的重要内容，也成为中国与发达国家开展国际合作最重要的方式之一。

第三方市场合作来源于三方合作，但与三方合作又有着明显的区别。两种合作模式的相同之处在于，都基于合作国的比较优势，都致力于开展符合东道国实际需要的合作项目，都强调增加东道国的自主性与参与度，主要合作形式都是项目式合作。两种合作模式的不同之处主要体现在以下方面。第一，主要目标不同。三方合作的主要目标在于为第三方国家的问题提

---

① 习近平：《在第二届"一带一路"国际合作高峰论坛记者会上的讲话》，《人民日报》2019 年 4 月 28 日。
② 《习近平会见日本首相安倍晋三》，《人民日报》2019 年 6 月 28 日。
③ 《习近平会见日本首相安倍晋三》，《人民日报》2019 年 12 月 24 日。
④ 中华人民共和国国家发展和改革委员会：《第三方市场合作指南和案例》，2019 年 9 月 4 日，第 4 页，https://www.ndrc.gov.cn/fzggw/jgsj/wzs/sjjdt/201909/W020190909393562005115.pdf。

供创新的解决方案，而第三方市场合作的主要目标在于"三方共赢"。第二，第三方国家的角色不同。第三方国家在三方合作中处于受援国的角色，而在第三方市场合作中处于东道国的角色。第三，比较优势不同。三方合作中传统援助国的比较优势主要体现在技术优势、资金优势、援助项目管理经验优势和合法性优势，新兴援助国的比较优势主要体现在自身从受援国成长为援助国的经验优势、"发展有效性"优势和在某些具体领域的专业经验优势。而在第三方市场合作中，发达国家的比较优势是先进技术、核心装备、先进理念、资金和经验，中国的比较优势是优势产能，第三方国家的比较优势是潜在市场及发展需求。第四，主要参与方不同。三方合作的主要参与方是国际组织及各国的政府机构，第三方市场合作的主要参与方为各国企业。

第三方市场合作的实质是中国对发达国家开展共建"一带一路"的创新模式。这里的市场，主要是指非洲、东南亚等地区发展中国家的市场，合作主要指中国与发达国家的合作。这一合作方式实现了发达国家先进技术和中国优势产能的互补，并对接了发展中国家的发展需求，实现了共赢。同时它便于多个企业参与其中，实现产品的分类，易于推动项目节约成本、提高质量、加快进程，因此这一合作模式受到了合作方、市场、政府、企业等各方的欢迎和重视。许多跨国公司通过供应链合作、联合投标、联合投资、联合融资等与中国企业开展第三方市场合作，许多发达国家通过第三方市场合作参与到中国在"一带一路"共建国家开展的项目中。截至2019年10月底，中国已与137个国家和30个国际组织签署197份"一带一路"合

◇　国际关系若干问题研究

作文件,其中有不少发达国家公司、金融机构与中国合作开拓第三方市场。① 一些学者提出,"为了改进'一带一路'建设质量,中国表现出与国际组织构建伙伴关系及与日本和欧洲国家寻求第三方市场合作的强烈意愿"。② 也有学者认为,第三方市场合作对于共建"一带一路"来说至关重要。③

二

第三方市场合作就政策而言属于经济体之间的合作行为,就形式而言主要是企业行为,其内涵涉及各种经济体的诸多发展领域。2013—2018 年,中国公司与西方跨国公司合作了 413 个新建投资项目,其中 50 多项采取了第三方市场合作的形式,截至 2018 年 6 月,第三方市场合作项目合计达到 126 亿美元。④ 第三方市场合作强调企业主导、政府推动,通过顶层设计实现中外企业优势互补,追求与各国发展战略对接。

---

① 《中国已与 137 个国家、30 个国际组织签署 197 份"一带一路"合作文件》,新华网,2019 年 11 月 15 日,http://www.xinhuanet.com//fortune/2019-11/15/c_1125237972.htm。

② Takuma Yatsui, "China Exploring Ways to Adjust Belt and Road Initiative: Compromising to Meet International Standards and the Limits of Such Adjustments", Mitsui & Co. Global Strategic Studies Institute Monthly Report, Mitsui & Co. Global Strategic Studies Institute, Oct., 2019, pp. 1-9.

③ Youyi Zhang, "Third-party Market Cooperation under the Belt and Road Initiative: Progress, Challenges, and Recommendations", China International Strategy Review, Vol. 1, Jan. 17, 2020, pp. 310-329.

④ Youyi Zhang, "Third-party Market Cooperation under the Belt and Road Initiative: Progress, Challenges, and Recommendations", China International Strategy Review, Vol. 1, Jan. 17, 2020, pp. 310-329.

（一）法律与机制建设先行

作为一种国际经济合作新模式，第三方市场合作无论从理论上还是实践上，都缺乏可以参照的样本，这就要求中国在与发达国家协商时，做到法律与机制建设先行，从而为第三方市场合作指明方向，确定框架，实现合作。

法国作为欧盟重要成员国之一，是最早表达参与共建"一带一路"合作意愿的欧洲国家之一，也是最早与中国一起提出第三方市场合作概念的国家。2010年两国发布的《中法关于加强全面战略伙伴关系的联合声明》中就提到了第三方市场合作。2015年6月，李克强在访问法国期间再次提到第三方市场合作。在同法国总统奥朗德会谈时，李克强表示，中法应拓宽合作思路，联合开拓第三方市场，为中法务实合作开辟新天地。作为这次出访的成果，中法建立共同基金，为双方第三方市场合作提供融资支持。[①] 此外，还正式发表了《中法关于第三方市场合作的联合声明》，以文本文件的形式确认第三方市场合作的法律意义。该声明对第三方市场合作的原则、内容等方面做出说明，这些说明成为后来中国与各国开展第三方市场合作的范式。在原则方面，该声明提出"企业主导，政府推动""平等协商，互利共赢""互补、互利、开放、包容"等原则。[②] 该声明表示，

[①] 《李克强会见奥朗德：建立中法共同基金联合开拓第三方市场》，新华网，2015年7月1日，http://www.xinhuanet.com//world/2015-07/01/c_127970590.htm。

[②] 《中国政府和法国政府关于第三方市场合作的联合声明》，人民网，2015年7月1日，http://politics.people.com.cn/n/2015/0701/c70731-27239555.html。

第三方市场合作的目的是发挥中国的中端制造能力，发挥法国的高端技术、先进理念，为第三国提供高性价比的产品和服务，实现"三方共赢"。《中法关于第三方市场合作的联合声明》的签署使得第三方市场合作成为推动共建"一带一路"优先考虑的经济和外交政策。在 2016 年第四次中法高级别经济财金对话期间，两国签署了《关于设立中法第三方市场合作指导委员会的谅解备忘录》，建立了定期对话机制。在此后的一段时间里，中法围绕第三方市场合作进行了多轮磋商，并建立中法第三方市场合作委员会，定期召开会议，就中法第三方市场合作项目清单交换意见，政府、大型企业、私人企业、民间行为体、智库均参与其中。

2019 年 11 月，法国总统马克龙第二次访华并出席第二届中国国际进口博览会。在两国元首的会谈中，习近平表示，中方将积极推动更多企业参与第三方市场合作。[①] 两国签署的《中法关系行动计划》指出，"中法两国将以示范项目清单为基础，继续选定双方在第三方市场可共同承担的项目，特别是在亚洲和非洲"。[②]

日本是继法国之后较早参与第三方市场合作的发达国家之一。2017 年 11 月，习近平主席与安倍晋三首相举行会晤，就"一带一路"框架下开展第三方合作达成重要共识。2018 年 5 月，中国国家发改委、商务部与日本外务省、经济产业省签署《关于中日第三方市场合作的备忘录》。该备忘录确认，在中日

---

① 《习近平同法国总统马克龙会谈》，《人民日报》2019 年 11 月 7 日。
② 《中法关系行动计划》，《人民日报》2019 年 11 月 7 日。

经济高层对话机制下建立并启动跨部门的"推进中日第三方市场合作工作机制",共同举办中日第三方市场合作论坛。① 同年9月,中日第三方市场合作工作机制第一次会议在北京举行。这一机制的目的是推动建立政府、企业、金融机构、商(协)会、智库、使领馆"六位一体"的工作对接网络,为中日两国经贸合作提供新方式。在机制建设方面,中日第三方市场合作已后来居上。

2018年10月,安倍晋三访华,这是自2011年以来日本领导人首次访华。在同安倍晋三举行会谈时,李克强明确表示,希望第三方市场合作成为中日合作的新支柱。② 在这次出访中,两国领导人共同出席了首届中日第三方市场合作论坛。李克强在论坛致辞中表示:中日的第三方市场合作,就是推动双方在第三方市场不搞"恶性竞争",实现优势互补,拓展合作空间,两国政府将推动这一合作。③ 两国政府、经济团体、企业代表等1500多人出席论坛,并在交通物流、能源环保、产业升级和金融支持、地区开发4个方向召开分论坛。论坛期间,两国共签署52项协议,总金额超过180亿美元。

2018年9月,中国国家发改委同意大利经济发展部签署《中意关于开展第三方市场合作的谅解备忘录》,两国政府间正式建立第三方市场合作工作机制。2019年3月,习近平出访意

---

① 《中日签署经贸合作协议 涉服务贸易及第三方市场合作》,人民网,2018年5月9日,http://finance.people.com.cn/n1/2018/0509/c1004-29975437.html。
② 《李克强同日本首相安倍晋三举行会谈》,中国政府网,2018年10月26日,http://www.gov.cn/xinwen/2018-10/26/content_5334778.htm。
③ 《首届中日第三方市场合作论坛上,李克强和安倍都说了什么?》,中国政府网,2018年10月27日,http://www.gov.cn/xinwen/2018-10/27/content_5335045.htm。

大利。作为这次出访的重要成果，意大利成为第一个签署共建"一带一路"谅解备忘录的七国集团（G7）国家。而意大利参与"一带一路"高质量共建，第三方市场合作将是主要的合作方式。习近平表示，"鼓励两国企业开展第三方市场合作，实现互利多赢"。①访问期间，习近平主席同马塔雷拉总统、孔特总理和参议长卡塞拉蒂等的会谈均涉及第三方市场合作的内容。习近平表示，希望两国深化宏观经济政策沟通协调，共同推进能源、金融、基础设施建设等领域第三方市场合作。②出访期间，中意首次召开了两国企业家委员会、第三方市场合作论坛、文化合作机制会议，习近平和马塔雷拉一道会见了出席三大机制性会议的双方代表。两国还发表了关于加强全面战略伙伴关系的联合公报，再次确认落实《中意关于开展第三方市场合作的谅解备忘录》，"支持双方企业在第三方市场共同探讨合作机会"。③

可以说，第三方市场合作如果没有政府间在法律上的保障和机制上的推动，很难成为一种广泛的国际合作模式。而首脑外交恰恰发挥了直接的推动作用。相关文件的签署和配套机制的建立，为中国与各国开展第三方市场合作提供了机制和政策保障，制度先行成为第三方市场合作顶层设计的重要方面。

---

① 《习近平在意大利媒体发表署名文章 东西交往传佳话 中意友谊续新篇》，《人民日报》2019年3月21日。
② 《习近平同意大利总理孔特会谈》，《人民日报》2019年3月24日。
③ 《中华人民共和国和意大利共和国关于加强全面战略伙伴关系的联合公报》，《人民日报》2019年3月24日。

（二）融资与项目合作齐头并进

由于第三方市场主要的需求是资金和技术，因此，从合作模式方面看，第三方市场合作主要包含融资和项目合作，金融合作与项目合作齐头并进成为第三方市场合作的主要特点之一。

融资与投资的合作是第三方市场合作的重要方式之一。"一带一路"基础设施和能源项目都需要巨额资金。根据亚洲开发银行数据，2016—2030 年要维持现在的增长率，仅亚洲在基础设施方面的投资就需要 26 万亿美元，即每年约为 1.7 万亿美元。而目前包括亚洲开发银行在内的多边开发银行，也只能为亚洲基础设施建设提供 2.5% 的资金。[1] 中国始终强调，共建"一带一路"是共建国家的大合唱，因此可以尝试通过第三方市场合作解决共建"一带一路"资金不足的问题。近年来，欧洲复兴开发银行与中国达成通往欧洲的新"丝路"贸易路线第三方市场合作项目[2]、法国储蓄银行与中国投资有限责任公司（简称中投公司）建立 20 亿欧元的联合投资基金用于在非洲和亚洲投资[3]、丝路基金与欧洲投资基金设立中欧共同投资基金[4]，日

---

[1] "Asian Infrastructure Needs Exceed $1.7 Trillion Per Year, Double Previous Estimates", Asian Development Bank, Feb. 28, 2017, https：//www.adb.org/news/asia-infrastructure-needs-exceed-17-trillion-year-double-previous-estimates.

[2] 《欧洲复兴开发银行与中国丝路基金签署谅解备忘录》，国务院新闻办公室网，2016 年 6 月 16 日，http：//www.scio.gov.cn/ztk/wh/slxy/htws/Document/1480578/1480578.htm。

[3] 《通过第三方合作实现"1 + 1 + 1 > 3"》，中国人民银行网，2019 年 4 月 25 日，http：//www.pbc.gov.cn/goutongjiaoliu/113456/113469/3815484/index.html。

[4] 《中欧共同投资基金成立一年 投资项目涉多个欧洲国家》，中国一带一路网，2019 年 5 月 31 日，https：//www.yidaiyilu.gov.cn/p/92479.html。

本三菱日联银行与中国国家开发银行签署关于在东盟地区开展第三方市场合作的《业务合作协议》①，法国巴黎银行、法国最大的私募基金欧瑞泽基金集团与中投公司成立以投资欧洲大陆为主的"中法产业合作基金"②，法国国家投资银行与中投公司为毛里求斯清洁能源项目提供融资③，法国东方汇理银行与中国信保签署第三方市场框架合作协议④，欧洲复兴开发银行与中国工商银行共同为中东、北非、中亚、土耳其的多个电站、天然气等项目提供融资⑤。联合融资和投资，解决了发展中国家资金短缺问题，推动了发达国家企业积极参与共建"一带一路"，从而在投资和融资的方法和方式上获得"高质量的国际合作"。⑥

项目合作是第三方市场合作的又一类型。在泰国东部经济走廊的建设中，中国中信集团和日本伊藤忠商社联合竞标即是典型的第三方市场项目合作。中国铁路总公司和德国铁路公司在中欧班列、高铁运营维护等领域的合作，中法在英国核电项

---

① 《国开行与日本三菱日联银行签约 加强"一带一路"框架下第三方合作》，中国一带一路网，2018年5月15日，https：//www.yidaiyilu.gov.cn/xwzx/gnxw/55403.htm。

② 《从第三方市场到金融联手 中法合作更上一层楼》，中国日报网，2019年3月28日，http：//china.chinadaily.com.cn/a/201903/28/WS5c9c9eada310e7f8b15734d9.html。

③ 《通过第三方合作实现"1+1+1>3"》，中国人民银行网，2019年4月25日，http：//www.pbc.gov.cn/goutongjiaoliu/113456/113469/3815484/index.html。

④ 《中国信保与东方汇理银行签署第三方市场框架合作协议》，中国一带一路网，2019年4月4日，https：//www.yidaiyilu.gov.cn/xwzx/gnxw/84753.htm。

⑤ 《通过第三方合作实现"1+1+1>3"》，中国人民银行网，2019年4月25日，http：//www.pbc.gov.cn/goutongjiaoliu/113456/113469/3815484/index.html。

⑥ Takuma Yatsui, "China Exploring Ways to Adjust Belt and Road Initiative: Compromising to Meet International Standards and the Limits of Such Adjustments", Mitsui & Co. Global Strategic Studies Institute Monthly Report, Mitsui & Co. Global Strategic Studies Institute, Oct., 2019, pp.1-9.

目的合作，中新（新加坡）在东南亚国家的合作，中韩在第三国基础设施建设、交通、能源等领域的合作，均是项目合作性质的第三方市场合作。2019年3月习近平访问法国期间，两国领导人共同见证了施耐德电气集团与中国银行、中国电力建设集团有限公司签署第三方市场战略合作协议。这一交易总价值达60亿欧元。① 近年来，施耐德电气集团与中国机械工业集团有限公司合作，为乌兹别克斯坦提供能源解决方案；与中国国家电网有限公司实现了在东非城市轻轨项目上的合作，与中信建设在安哥拉共同开展职业教育等。这种战略合作的达成，为推动第三方市场的可持续发展增添了动力。由于发达国家的跨国公司拥有先进的技术和丰富的管理经验，能够帮助中国企业进入并且繁荣"一带一路"市场，因此与发达国家跨国公司的项目合作往往是中国的优势产能与发达国家的高端产品的合作，其追求的目标仍是"高质量的国际合作"。

融资和投资是"一带一路"共建国家经济发展的客观需求，而项目合作往往是通过技术合作，特别是基础设施建设中的技术合作实现的。无论是融资、投资，还是项目合作，第三方市场合作的开放性和包容性均给这种合作的良好前景提供了可能性。

---

① "Triple Win? China and Third-Market Cooperation", Institut Montaigne, Jul. 10, 2019, https://www.institutmontaigne.org/en/expressions/triple-win-china-and-third-market-cooperation.

（三）非洲和东南亚是重点推广区域

在"一带一路"共建国家中，与中国合作最密切的是非洲和东南亚国家，在未来的第三方市场合作中，这两个地区也将成为中国企业与发达国家跨国企业合作的重要推广区域。

中法第三方市场合作主要集中在非洲市场。法国与非洲，尤其是非洲的一些法语国家，有着深厚的政治、社会和文化联系。根据联合国贸易和发展会议数据，2019年，法国和中国分别是非洲第一大和第五大投资国（对非直接投资分别为640亿美元和461亿美元）。① 2018年，法国能源巨头道达尔集团与中国交通建设集团有限公司达成协议，双方互为优先供应商，共同拓展全球范围内的基础设施建设合作，其中的重点合作领域便是非洲。2019年，由中国建筑集团有限公司和法国爱集思集团共同投资的刚果（布）国家1号公路特许经营项目正式启动。法国前总理拉法兰表示，法中两国在第三方市场合作特别是在非洲的合作前景广阔。② 法国—非洲基金会副主席、法国非洲2030俱乐部主席哈立德·伊戈表示，法中两国在"一带一路"框架下开展第三方市场合作，特别是帮助非洲国家提高基础设施水

---

① Youyi Zhang, "Third‐Party Market Cooperation under the Belt and Road Initiative: Progress, Challenges, And Recommendations", United Nations Conference on Trade and Develomen, 2019, https：//unctadstat. unctad. org/wds/TableViewer/tableView. aspx？ReportId＝96740.

② 《"为一带一路这个世纪工程添砖加瓦"（一带一路·高端访谈）——访法国前总理拉法兰》，《人民日报》2019年5月7日。

第一部分　国际经济合作　◇

平,"有利于促进欧洲、非洲的沿线国家共同发展"。①

基础设施建设是中日第三方市场合作的重点领域。中日在基础设施建设方面的合作具有很强的互补性,这是两国开展基础设施第三方市场合作的重要前提。2018年6月,日本政府更新了基础设施出口战略,首次明确提出将推动中日企业在第三方市场的合作,从而将这一合作提高到战略高度。中日第三方市场合作主要在东南亚地区。大部分东南亚国家正在追求实现工业化,急需发展基础设施,但缺少技术和资金。而中国有巨大的产能和政策支持,日本具有丰富的海外经验和先进的技术以及成熟的风险管控机制。在中日两国政府的推动下,近年来,泰国"东部经济走廊"等示范项目在东盟全面展开。在与中国企业的第三方市场合作中,日立集团堪称典范。一方面,中国企业在缅甸、马来西亚、柬埔寨等国的项目中均采用了日立集团的产品;另一方面,日立集团与中国中车集团在英国伦敦地铁项目和澳大利亚悉尼地铁项目中均有合作。在首届中日第三方市场合作论坛中,日立集团又与两家中国企业签署了合作项目。中日两国都是外向型经济大国,两国较早确定了第三方市场合作的重点领域,为两国迅速推动第三方市场合作明确了目标,也推动了两国在基础设施方面的第三方市场合作。如在非洲,中国和日本通过第三方市场合作的方式改善了连接喀麦隆和刚果(布)的西非国际走廊。在日本国际协力银行与中国国

---

① Entretien avec Khaled Igué,"Les Perspectives de Coopération Franco – Chinoise en Afrique", Institut de Relations Internationales et Stratégiques, Jan. 10, 2020, https：// www. iris – france. org. 刘玲玲:《中法共商深化一带一路合作》,《人民日报》2019年12月25日。

家开发银行于北京共同举办的中日第三方市场金融合作论坛上，日本国际协力银行总裁前田匡史表示：以第三方市场合作的视角看待共建"一带一路"倡议，"有助于加强日本与欧亚大陆的联系"。①

非洲和东南亚地区经济基础较为薄弱，但经济增速较快，且与中国政治、经济关系较为密切，是中国共建"一带一路"倡议的重要合作伙伴。在这些地区开展第三方市场合作，中国可以利用自身市场优势推动共建"一带一路"高质量发展。

三

第三方市场合作基于各方比较优势，强调1＋1＋1＞3的"共赢"效应。第三方市场合作有利于发达国家跨国企业发挥生产要素优势，也有助于发展中国家获得更多的资金、技术和管理经验，同时可以直接撬动发达国家跨国企业参与共建"一带一路"，在共建"一带一路"中实现各相关国家发展战略的对接。展望未来，第三方市场合作将在当前的重点区域非洲和东南亚之外实施，推广到越来越多的地区和国家。

根据联合国贸易和发展会议公布的《世界投资报告2019》，全球直接投资自2015年达到峰值后连续三年下滑，2018年相较

---

① 李满、赵成、殷新宇、张晓东：《习近平主席在圣彼得堡国际经济论坛全会上的致辞赢得与会人士广泛赞誉——"大国领导人高度责任心的具体体现"》，《人民日报》2019年6月8日。

2017年下降13个百分点，降至1.3万亿美元。① 直接投资总量的下降主要由流向发达国家和转型经济体的直接投资大幅下降造成。与此同时，流向发展中国家的直接投资总体呈稳定增长趋势，2013—2018年的年均增长率为1.6%。流向发展中国家的直接投资占全球直接投资的比重也由2013年的46%增长至2018年的54%。② 一方面，发达国家尽管拥有先进的技术和管理经验，但受产业空心化、海外市场需求不足等因素影响，其自身的发展动力不足。另一方面，发达国家的生产要素向发展中国家流动的过程中，高昂的成本导致价格随之高涨，发展中国家不易负担，发达国家有效开发发展中国家市场的难度越来越大。第三方市场合作为发达国家的生产要素向发展中国家流动提供了一个新的选择方案，不仅有利于投资回报的稳定和技术、管理经验的推广应用，而且能够拓宽跨国企业对外合作的渠道。

对于发展中国家而言，第三方市场合作有利于满足其作为市场需求方获得更多的资金、技术和管理经验。许多发展中国家拥有丰富的资源和市场，但基础设施和资金严重不足，经济发展处于工业化早期。产业技术、装备产能和投融资的不足是制约发展中国家发展的关键因素。中国提出的第三方市场合作，摒弃了市场恶性竞争带来的零和游戏，实现了对传统国际

---

① 联合国贸易和发展会议：《世界投资报告2019》，2019年6月12日，https://unctad.org/system/files/official-document/wir2019_overview_ch.pdf。

② "World Investment Report 2019: Special Economic Zones", United Nations Conference on Trade and Development, Jun. 12, 2019, https://unctad.org/system/files/official-document/wir2019_en.pdf.

◇　国际关系若干问题研究

贸易实践的突破。通过不同市场需求，利用差异化进行分层合作。第三方市场合作强调"一带一路"共建国家是这一合作的最大受益者，其针对性和精确性将有助于对接发展中国家的工业化发展需求。通过利用中国企业性价比较高的产品、强大的中高端制造能力，同时帮助发展中国家获得更高性价比的技术、设备及管理经验，推动发展中国家实现工业化、城镇化、现代化，加速其经济转型升级，为其经济增长带来长期的可持续的动力。

习近平曾在多个场合反复强调，第三方市场合作就是要加强发展理念交流和战略对接，做好双边关系发展顶层设计。[①] 第三方市场合作以多边主义为前提，强调开放合作，协同发挥个体差异化优势，强调对接发达国家和发展中国家不同发展阶段的供给和需求。一方面，释放发达国家跨国企业的资金、技术优势；另一方面，将全球高中低端产业链有机融合，推动形成合理高效的产业分工格局，从而在完善全球治理，推进贸易投资自由化、便利化方面进行了有益的探索。比如，中国的共建"一带一路"倡议同西班牙地中海走廊建设、"亚洲发展战略"对接，中国同欧盟的"容克计划""欧亚互联互通战略"对接等等，都是通过多方参与实现共同受益的目标[②]，既推动双边合

[①] 《习近平在西班牙媒体发表署名文章》，新华网，2018年11月27日，http://www.xinhuanet.com/politics/leaders/2018-11/27/c_1123775524.htm。

[②] 《习近平在第二届"一带一路"国际合作高峰论坛开幕式上的主旨演讲（全文）》，新华网，2019年4月26日，http://www.xinhuanet.com/2019-04/26/c_1124420187.htm。

作，又实现各方互利共赢。① 第三方市场合作令更多发达国家参与共建"一带一路"成为可能。通过建立小多边机制，破除发达国家对"一带一路"的地缘政治忧虑，消减一些西方企业对"一带一路"项目透明度、资金来源、投资回报的疑虑，将发达国家的资金、技术优势转换为市场需求，使得发达国家企业获得新的增长点，进而撬动美欧国家参与"一带一路"高质量共建。法国"求实地缘"智库主任卡洛琳·伽拉特罗斯－卢滕贝格在谈到中法第三方市场合作时表示，这一合作"符合两国利益，也给其他国家带来发展机遇"。②

从实践看，第三方市场合作模式作为一种新的国际合作模式受到越来越多国家的政府、企业、媒体和智库的接纳和欢迎。作为世界第二大和第三大经济体，中国和日本在第三方市场合作方面达成的共识和成果深受世界瞩目。发表在《世界政治评论》的题为《安倍罕见的中国之行和特朗普时代日本分裂的外交政策》的文章认为，日本和中国的外交"已经延伸到第三国的经济合作中"。③ 2018年法国参议院发布的一份评估中国"一带一路"经济和地缘政治框架的报告称，与中国的第三方市场

---

① 《习近平同出席中法全球治理论坛闭幕式的欧洲领导人举行会晤》，新华网，2019年3月27日，http://www.xinhuanet.com/politics/leaders/2019-03/27/c_1124286654.htm。

② 《推进务实合作 实现互利共赢（风从东方来——国际人士谈一带一路合作）》，《人民日报》2019年5月24日。

③ Elliot Waldman, "Abe's Rare China Visit and Japan's Bifurcated Foreign Policy in the Trump Era", World Politics Review, Oct. 31, 2018, https://www.worldpoliticsreview.com/trend-lines/26647/abe-s-rare-china-visit-and-japan-s-bifurcated-foreign-policy-in-the-trump-era.

◇ 国际关系若干问题研究

合作有利于中法两国的合作关系。① 新加坡总统哈莉玛表示，新加坡期待与中国拓展第三方市场合作等新的合作领域。② 《日经亚洲评论》认为，日本应支持"第三方市场合作"。③ 法国可持续发展与国际关系研究所建议在第三方市场合作方面，法国可在欧洲发挥带头作用。④ 斯德哥尔摩国际和平研究所则建议欧盟从中期来看，应考虑探索在第三国发展长期联合投资项目。⑤ 韩国学者也建议韩国需要与中国开展第三方市场合作，并且认为其已经具备了与中国开展第三方合作的可能性。⑥ 在实践方面，"一带一路"框架下的第三方市场合作在合作项目和机制方面已经取得了初步成果。日本和法国是中国主要的第三方市场合作伙伴，中法和中日之间已经建立了比较成熟的工作机制。中比、中荷、中新（新加坡）均成立了第三方市场合作工作组，召开

---

① Xin Wang, "Third-country Cooperation in the China's Belt and Road Initiative", IDDRI, Jul. 19, 2018, https: //www. iddri. org/en/publications-and-events/blog-post/third-country-cooperation-chinas-belt-and-road-initiative.

② 林芮：《"文明互鉴推动和谐、和平与繁荣"（文明互鉴美美与共）——访新加坡总统哈莉玛》，《人民日报》2019年5月14日。

③ Oki Nagai, "China and Japan Kick off Joint Effort on Foreign Infrastructure", Nikkei Asian Review, Sep. 26, 2018, https: //asia. nikkei. com/Politics/International-relations/China-and-Japan-kick-off-joint-effort-on-foreign-infrastructure.

④ Pascal Allizard, et al., "Rapports D'Information", Sénat, 2018, pp. 115-117.

⑤ Richard Ghiasy and Jiayi Zhou, "The Silk Road Economic Belt: Considering Security Implications and EU-China Cooperation Prospects", SIPRI, 2017, pp. 1-76.

⑥ Pyeong Seob Yang and Young Ho Park, "Emerging Countries Strategy for China: Focusing on BRI", World Economy Brief, Vol. 9, No. 5, 2019, pp. 1-8.

相关论坛，中英也一致同意促进双方在第三方市场的合作。①

按照现有的速度和节奏，第三方市场合作这一新型国际合作模式有可能较快推广到南美洲和大洋洲。一些个案的成功在某种程度上发挥了扩散效应。2018年，中葡签署共建"一带一路"合作谅解备忘录。葡萄牙总统德索萨表示，坚定支持共建"一带一路"倡议，"拓展第三方市场合作"。② 作为欧盟、葡语国家共同体成员国，近年来，葡萄牙利用广阔的市场资源在第三方市场合作方面与中国进行了广泛的合作。葡萄牙国家能源网公司同中国国家电网有限公司共同建设智利能源管道，葡萄牙电力公司同中国长江三峡集团有限公司共同开拓巴西水电市场以及英国、德国、意大利等国的风电市场，葡萄牙忠诚保险公司和复星集团共同开发秘鲁保险市场。这些合作为第三方市场合作在欧洲和南美洲的进一步推广起到了探路和示范作用。中法英三方合作旗舰项目——欣克利角核电站的顺利起步是中国在欧洲开展第三方市场合作的重要成果。2016年9月，中国广核集团有限公司与法国电力集团同英方签署欣克利角核电项目的最终协议。该项目是英国近20年来建设的首座核电站，建成后将满足英国7%的电力需求。③ 同时，该项目将提供2.5万

---

① "Policy Outcomes of the 10th UK – China Economic and Financial Dialogue", UK Government, Sep. 12, 2019, pp. 17 – 19, https：//assets. publishing. service. gov. uk/government/uploads/system/uploads/attachment_data/file/809569/190617_FINAL_POP_v2__002_. pdf.

② 《习近平同葡萄牙总统德索萨会谈》，《人民日报》2019年4月30日。

③ 《中广核与法国电力签订英国核电项目最终投资协议》，人民网，2016年9月30日，http：//world. people. com. cn/n1/2016/0930/c1002 – 28751538. html。

个工作机会和 1000 个学徒岗位。① 在 2019 年中法两国政府签订的《中法关系行动计划》中,两国承诺积极推动在英国的核电合作,"以在平衡、透明和互利基础上继续其在中国和第三方市场的合作"。② 从以上项目可以看出,第三方市场合作的未来目标并非仅限于发展中国家、新兴经济体,只要目的国有需求,合作方有意愿,第三方市场合作即可以开展。

可以预见,在顶层设计和首脑外交的直接推动下,第三方市场合作将会在国际经济合作方面发挥更大的作用,并成为国际多边经济合作的新模式。而随着共建"一带一路"倡议的影响力越来越大,中国与发达国家及"一带一路"共建国家将越来越多地开展第三方市场合作。这对于解决长期困扰中国的西方国家敌视和抵触中国经济外向型发展的问题,推动共建"一带一路",实现中国企业"走出去",促进中国产业升级,构建人类命运共同体无疑将具有重要意义。

(本文原载于《现代国际关系》2020 年第 4 期,原文章名为《中国的国际经济合作新模式:第三方市场合作》)

---

① "EDF Energy Sets out Progress at Hinkley Point C New Nuclear Power Station", Environmental Defense Fund, Mar. 31, 2017, https://www.edf.fr/en/the-edf-group/dedicated-sections/journalists/all-press-releases/edf-energy-sets-out-progress-at-hinkley-point-c-new-nuclear-power-station.

② 《中法关系行动计划》,《人民日报》2019 年 11 月 7 日。

第三方市场合作的价值理念与发展演进

一、研究背景

近年来,第三方市场合作成为中国推进高质量共建"一带一路"和参与国际经济合作的重要形式之一。根据国家发改委定义,第三方市场合作是指中国企业(含金融企业)与有关国家企业共同在第三方市场开展经济合作。[①] 从实践来看,这里的"市场"主要涵盖非洲、东南亚等发展中国家市场,"合作"主要指中国与发达国家间的合作。第三方市场合作发端于三方合作,但与三方合作不同的是,更强调通过与发达国家开展经济合作,在发展中国家市场实现多赢。中国开展的第三方市场合作,是蕴含中国智慧、彰显中国特色的合作,是中国与发达国家一道推动共建"一带一路"的创新合作模式,为中国与发达国家经济合作提供了全新的思路。

---

① 中华人民共和国国家发展和改革委员会:《第三方市场合作指南和案例》,2019年9月4日,https://www.ndrc.gov.cn/fzggw/jgsj/wzs/sjjdt/201909/W020190909393562005115.pdf。

在这种合作模式下,参与三方为发展中国家的产业发展、基础设施水平提升和民生改善贡献了各自的比较优势,对助力实现共建"一带一路"倡议的愿景目标具有重要意义。第三方市场合作充分释放了发达国家的先进技术专长,与中国富裕产能优势形成互补,并有效对接发展中国家的发展需求,达成了 1+1+1>3 的多赢。同时,将全球产业链高中低端有机融合,推动形成合理高效的产业分工格局,充分助力在深化国际产业链供应链合作、推进贸易投资自由化便利化、完善全球经济治理等方面实现有益探索。

二、第三方市场合作的理念形成

第三方市场合作的思想萌发与初步探索发端于17世纪的新航路开辟末期,其演进脉络丰富多样,在不同历史阶段的内涵与运行模式也有所不同。[①] 相较于西方国家,中国第三方市场合作开始的较晚,始于2015年,但近年来随着中国综合国力增强而迅速发展。总体而言,中国开展的第三方市场合作历经"实践—理念—实践",即呈现从探索实践到理念凝结再到深入实践的基本特征,在实践过程中不断充实理念框架、完善合作机制,在理念指导下提高实践水准、深化务实合作。

2015年5月,国务院文件中首次提出"与具备条件的国家

[①] 门洪华、俞钦文:《第三方市场合作:理论建构、历史演进与中国路径》,《当代亚太》2020年第6期,第4—40页。

合作，形成合力，共同开发第三方市场"①。2015年6月，中法两国聚焦第三方市场合作发布联合声明，"第三方市场合作"的概念被首次提出。自此，中法两国本着"企业主导，政府推动"的原则，逐步推进并落实第三方市场合作，这为中国第三方市场合作的开启打下了良好局面。

2016—2019年，中国的第三方市场合作国持续扩容，先后与14个国家签署政府间第三方市场合作文件，与法国、韩国、日本、西班牙等发达经济体建立了第三方市场合作机制，与加拿大、德国、比利时等多国就开展第三方市场合作达成共识。2016年4月，中法两国推进建立第三方市场合作指导委员会，推动设立中法第三方市场合作基金，为中法企业开展第三方市场合作提供战略指引与资金支持。2016年6月，中韩第三方市场合作论坛举办，为中韩企业开展第三方市场合作搭建了有益平台。2016年9月，中加（加拿大）签署关于开展第三方市场合作的联合声明。2016年12月，中英基础设施联盟委员会就第三方市场合作深入交换意见。2017年9月，中澳签署谅解备忘录，支持鼓励两国企业在多个领域开展第三方市场合作。2018年5月，中日签署有关第三方市场合作的备忘录，拟通过推进合作工作机制、举办合作论坛等方式，促进两国企业共同推进第三方市场合作项目。

2019年3月，"第三方市场合作"首次出现在政府工作报告中，并被列为当年重点工作任务。2019年9月，国家发改委发

---

① 《国务院关于推进国际产能和装备制造合作的指导意见》，中国政府网，2015年5月13日，https://www.gov.cn/gongbao/content/2015/content_2868464.htm。

布《第三方市场合作指南和案例》，阐述第三方市场合作的内涵、理念和原则，介绍有关合作机制、合作平台并剖析了21个经典案例，为第三方市场合作的进一步开展提供理念支撑和战略指引。

2020年至今，中国第三方市场合作不断深化，与法国、意大利、新加坡、韩国、瑞士等国合作持续推进，进展顺利。例如，中法已签署第三方市场合作第四轮示范项目清单，[①] 中意确定了第三方市场合作第二轮重点项目清单，就启动第三轮示范项目清单筛选工作等达成共识。

三、开展第三方市场合作的价值原则

（一）正确义利观

正确义利观体现了中华民族的优秀传统文化和道德准则。"利"指国家利益，即理性主义意义上的国家利益，"义"则指通过积极的情感互动实现长期关系互惠的实践模式。情是义的基础，义是情的表现，有情才有义，无情则无义。[②] 正确义利观是指导中国对外交往的重要理念。2013年3月，习近平主席在出访非洲期间首次提出"正确义利观"。此后，习近平主席在2014年出访蒙古国、2015年出席中非合作论坛约翰内斯堡峰

[①] 2022年中法签署了第四轮第三方市场合作示范项目，总投资超过17亿美元，涉及基础设施、环保、新能源等领域。

[②] 徐成：《中国对外关系中的义利逻辑》，《世界经济与政治》2022年第2期，第104—128页。

会、2022年向中国—太平洋岛国外长会发表书面致辞等多个重要场合，反复重申了中国在开展对发展中国家合作中始终坚持正确义利观的重要观点。中国积极秉持各国平等互利的合作理念，在正确义利观的合作观念指导下，与合作国凝聚共识、对第三方市场国家真诚相待，推动拓展第三方市场合作。

（二）真正的多边主义

真正的多边主义是针对以多边主义之名行单边主义之实的各种行为提出的，为了反对打着所谓"规则"的旗号破坏国际秩序、制造分裂和对抗的行径。习近平主席在多个国际场合强调"坚持真正的多边主义"，在出席2021年博鳌亚洲论坛年会开幕式、第七十六届联合国大会一般性辩论、中国恢复联合国合法席位50周年纪念会议时，重申要坚持并践行真正的多边主义、推动完善全球治理体系。

第三方市场合作是对真正的多边主义的践行，同时也是实现多边主义的新形式。在坚持真正的多边主义前提下，中国第三方市场合作强调开放与合作，协同发挥个体差异化优势，对接发达国家和发展中国家不同发展阶段的供给和需求。例如，中国积极推动共建"一带一路"同西班牙地中海走廊建设、"亚洲发展战略"，同韩国"新北方政策""新南方政策"的政策对接，并在此基础上致力于加强第三方市场合作，拟达成共同合作目标，从而既推动双边合作，又实现各方互利共赢。

（三）命运共同体

2012年明确提出的"人类命运共同体"理念，将中国的命运与世界的命运紧密相连，反映了人类社会发展的共同规律，体现出中国所追求的以合作共赢为核心的新型国际关系。这一理念并不是单一的、宽泛的概念，而是逐渐形成的理念体系，包括中国与不同国家、区域的共同体以及各大治理领域的各类共同体。中国开展的第三方市场合作既受命运共同体理念的驱动，也对进一步构建命运共同体发挥着重要作用。

亚洲命运共同体理念为中国在亚洲开展第三方市场合作提供了价值观认同。习近平主席在2015年博鳌亚洲论坛开幕式上指出，"通过迈向亚洲命运共同体，推动建设人类命运共同体"。中国与日本、韩国达成了多项第三方市场合作项目协议，与东南亚、南亚等区域的众多发展中国家开展合作，成为推进亚洲命运共同体的重要支点。在构建亚洲命运共同体的引领，以及《区域全面经济伙伴关系协定》（简称RCEP）生效与中日韩自由贸易协定谈判的助推下，亚太地区第三方市场合作为中日、中韩区域经济战略对接提供了平台，促进中国与日本、韩国经贸合作，带动亚太地区发展中国家经济社会发展，助推亚太区域经济一体化。

中非命运共同体理念也为中国在非洲开展第三方市场合作提供了价值观认同。习近平主席在2018年中非合作论坛北京峰会上指出，打造"责任共担、合作共赢、幸福共享、文化共兴、安全共筑、和谐共生"的中非命运共同体，确立了构建中非命运共同体的总体框架。在中非命运共同体理念指引和中非合作论坛平台支撑下，中国不断以第三方市场合作模式推动中非关系向更深层次发展。得益于中非命运共同体理念的引领以及非洲各国关税和自贸区谈判的积极推进，中国与欧洲国家有意愿有条件不断加强在非洲开展的第三方市场合作。以 2015 年中法发表《中法关于第三方市场合作的联合声明》为起点，中国与英国、意大利、比利时、奥地利等欧洲多国尝试在非洲开展第三方市场合作，为非洲发展增添新活力。

四、开展第三方市场合作的主要特点

（一）与共建"一带一路"倡议紧密衔接

中国第三方市场合作促进了东道国战略与共建"一带一路"倡议的有效对接，不少发达国家也通过这种合作方式参与到中国在"一带一路"共建国家开展的项目中。作为重要参与者和有力支持者，新加坡通过基础设施建设联通、金融联通、第三方市场合作、专业与法律服务四个平台参与共建"一带一路"。中国和瑞士商定成立中瑞"一带一路"能力建设中心，是中国与发达国家共建"一带一路"和开展第三方市场合作的重要创新举措。截至 2023 年 2 月，中国已与 151 个国家、32 个国际组织签署 200 多份共建"一带一路"合作文件，众多发达国家企业、金融机构与中方合作开拓第三方市场。

◇ 国际关系若干问题研究

（二）项目合作以技术合作为主要路径

第三方市场合作中的技术合作主要指政府、企业为促进第三方市场项目合作，在科技领域进行协同配合，以技术信息和经验交流、技术专利转让以及不同领域内技术专家的交流学习等方式开展合作。不同领域的合作项目涉及不同的技术问题，需要通过技术合作解决技术问题，以促进项目顺利推进。例如，中国与新加坡在东南亚国家的合作，中韩在第三国基础设施建设、能源等领域的合作，均体现了以技术合作为主要路径和重要内容的项目合作。此外，中国同多国举办经济技术合作论坛，促成了多个第三方市场合作的重点项目。

（三）金融合作与项目合作相互促进

近年来，中国与发达国家金融机构及多边金融机构积极开展密切合作，共同支持第三方市场项目合作。中投公司与法国储蓄银行建立 20 亿欧元联合投资基金用于亚非地区投资，与法国国家投资银行为毛里求斯清洁能源项目提供融资签约；中国国家开发银行与日本三菱日联银行就推动"一带一路"框架下第三方市场合作，特别是在东盟区域开展合作达成共识；中国进出口银行与意大利外贸保险服务公司、意大利裕信集团签署合作谅解备忘录①，与亚洲基础设施投资银行签署绿色信贷转贷项目协议，支持在相关国家加强第三方市场合作②等。金融合作与项目合作齐头并进，二者相互促进、相辅相成，为第三方市场合作增益赋值。

（四）法律与机制建设不断完善

当前，全球治理赤字凸显，国际合作受逆全球化等多重冲击。第三方市场合作涉及各国的国家利益和三方的共同利益，涵盖经济金融、基础设施、食品农业、能源动力等多个领域，需要法律约束与机制规范为合作的顺利开展提供保障。法律与机制建设有利于三方明确合作目标，从而满足各自需求，取得利益的"最大公约数"。第三方市场合作如果没有政府间在法律上的保障和机制上的推动，很难成为一种广泛的国际合作模式。

中国积极同发达国家签署第三方市场合作文件，建立合作机制、搭建合作平台、提供公共服务。例如，2015年中法签署的关于第三方市场合作的联合声明，以文本形式确认了第三方市场合作的法律意义，明确了第三方市场合作的原则和内容

---

① 《进出口银行与意大利外贸保险服务公司、意大利裕信集团签署合作谅解备忘录》，中国进出口银行网站，2019年7月13日，http：//www.eximbank.gov.cn/info/news/201907/t20190722_10985.html。

② 《进出口银行与亚洲基础设施投资银行签署合作谅解备忘录及绿色信贷转贷项目协议》，中国进出口银行网站，2022年10月13日，http：//www.eximbank.gov.cn/xwtp/202210/t20221013_43808.html。

等,① 为我国后续开展第三方市场合作提供范式。2018 年中日签署了关于第三方市场合作的备忘录,确认在两国经济高层对话机制下建立跨部门、官民联合的工作机制,共同举办两国第三方市场合作论坛。同年,中意也签署了关于开展第三方市场合作的谅解备忘录,正式建立两国第三方市场合作工作机制。2019 年,中意两国首次召开企业家委员会、第三方市场合作论坛、文化合作机制会议。

此外,考虑到发达国家开展第三方市场合作较早,相关法律与机制建设更为成熟,中国十分注重与发达国家加强规则与标准的沟通交流,减少因法律和机制建设不完善而造成的合作壁垒,完善涵盖政府工作组、论坛、企业的多方合作平台建设,不断拓展新的合作方式,以灵活应对多方面挑战。

（五）数字化趋势显著加强

数字经济日益成为全球经济复苏与发展的新动能,全球经济数字化发展趋势显著。中国数字经济增量大、增速快,是推动全球数字经济增长的主引擎之一,也为第三方市场合作数字化提供支持。中国第三方市场合作逐渐呈现数字化特征。截至 2021 年末,中国已与 17 个国家签署"数字丝绸之路"合作谅解备忘录,与 23 个国家建立"丝路电商"双边合作机制,数字贸

---

① 《中法关于第三方市场合作的联合声明》提出"企业主导,政府推动""平等协商,互利共赢""互补、互利、开放、包容"等原则。

易竞争力持续增强。① 2022 年 4 月，中国和新加坡签约 30 个中新互联互通重点合作项目，其中，信息通信是重点领域之一，两国计划协力推动数字经济领域合作和重点领域数字化转型，支持双方企业利用新一代信息技术联合开展创新性项目。

五、开展第三方市场合作的问题与发展建议

中国第三方市场合作的发展主要受三重因素的影响：其一，总体性因素，即全球经济发展形势以及地区局势；其二，个体性因素，即合作国与第三方市场国各自的国内政治环境和经济发展水平等；其三，互动性因素，即合作国与第三方市场国同中国的双边关系，以及产业结构的匹配程度、投资标准的契合度等。近年来，尽管受到三重因素发展变化扰动，中国第三方市场合作发展仍稳步推进，但同时也存在着不少现实挑战。

（一）合作模式与领域有待创新

着力增强创新意识，在合作模式、领域、路径、平台等方面进行创新，更好应对百年未有之大变局和纷繁复杂的地区局势。当前，中国第三方市场合作已形成了多层次的合作模式，以政府为主要调控者的合作模式是中国第三方市场合作的基础，以金融机构和各大企业为主导的合作模式是对前者的补充，也

---

① 《国家互联网信息办公室发布〈数字中国发展报告（2021 年）〉》，2022 年 8 月 2 日，http://www.cac.gov.cn/2022-08/02/c_1661066515613920.htm。

是第三方市场合作的重点，以跨国公司乃至私人资本为主导的模式是第三方市场合作的关键。三种模式在齐头并进的同时应加强联动，统筹资源的利用与开发，充分发挥自身优势，以合力应对国际变局带来的难题。此外，除产品服务、工程合作、投资合作、产融结合、战略合作这五大合作类型[①]外，还要不断拓展新的合作领域，挖掘新的动能。最后，在充分实践"互利共赢""正确义利观"等合作理念的同时，也应思考创新更多更易被合作国和第三方市场国接纳的理念，增进三方间相互理解。

（二）合作机制建设仍有较大完善空间

虽然中国近年来逐步形成了自己的第三方市场合作机制，但中国的第三方市场合作开展时间较晚，实践经验不足，合作机制的建设不够细致、针对性不足。中国第三方市场合作国家遍布东南亚、南亚、中亚、西亚、中东欧及北非等地区，以发展中国家为主，不同地区和国家发展水平差异大，单一且宽泛的合作机制很难顺利地在所有国家和地区运行，因此需要因地制宜的机制建设，充分匹配当地的实际需求。此外，第三方市场合作机制是一个"你（合作国）—我（中国）—他（第三方市场国家）"的合作闭环，三角关系中任何两对关系都会影响"三角形"的稳定性，因此在合作机制建设中要充分考虑每一对

[①] 根据国家发改委《第三方市场合作指南和案例》，第三方市场合作的常见类型分为产品服务类、工程合作类、投资合作类、产融结合类、战略合作类五种。

关系，针对不同的关系建立相应的合作机制，使第三方市场合作的"三角形"更加稳固。

（三）风险管控与国际传播较为薄弱

中国第三方市场合作面临不少风险，有些显而易见，有些较为隐蔽，这是由参与主体多元、项目种类繁多、权责关系复杂、管理运营困难等多重因素造成的。鉴此，风险管控对于中国第三方市场合作的行稳致远尤为关键，可从风险评估、风险监测和问题解决三方面逐一入手，充分调研第三国的国情、政策并明确两国在规则、制度上的具体差异，在合作进程中加强监测，以便及时且灵活地解决问题。此外，当前中国第三方市场合作受到美西方舆论打压，中国应当积极加强宣传，开拓习近平外交思想的国际传播，以更能被国际社会接受和理解的形式（如漫画、短视频等），宣传中国第三方市场合作的核心理念，有力回击美西方的误导与污蔑，为第三方市场合作发展营造良好的舆论环境。

（本文原载于《海外投资与出口信贷》2023年第1期，原文章名为《中国第三方市场合作：价值理念与发展演进》[①]）

---

① 本文作者：张颖、陈文祺。

三方合作：现状、
路径及全球治理的多元化

　　三方合作是指两个或多个发展中国家与第三方合作的伙伴关系，第三方主要是发达国家、传统捐助方、新兴经济体或多边组织，以分享关键的发展解决方案——知识、能力、专业技能、经验和良好实践、政策、技术及资源为主要的合作方式。近年来，全球范围内的三方合作项目以及参与三方合作的主体不断增多，三方合作逐渐成为重要的国际发展合作模式之一。通过三方合作，充分利用各参与方的优势，实现优势互补，是将南南合作纳入南北援助框架的有效方式。三方合作模式使合作更加贴合东道国实际需求，更大程度上尊重与保障东道国的参与度与自主权，其模式本身就具有更大程度上的可持续性与包容性。

　　三方合作是落实"2030年可持续发展议程"的重要机制。经济合作与发展组织（简称OECD）将三方合作称为一种"变革模式"①。三方合作相较于传统意义上的南北合作和后来出现的南南合作,是一种更为包容、更可持续、参与主体更为平等的发展合作模式。2015年联合国可持续发展峰会通过《变革我们的世界:2030年可持续发展议程》及其17项可持续发展目标和169个具体目标,其中,三方合作被确立为落实可持续发展目标的手段之一。由此,在联合国范围内,将包容性发展与可持续发展提到了一个新的高度。"2030年可持续发展议程"全文41次提到"包容",193次提到"可持续",并将促进目标实现的伙伴关系作为全球未来15年的发展目标,标志着全球范围内对于发展问题的关注重点向可持续发展、包容性发展转变。

自2014年以来,三方合作作为一种创新的发展合作形式,越来越受到中国政府的关注和重视。②在《中国的对外援助(2014)》白皮书中专门提到"为有效借鉴国际经验,提升援助效果,丰富援助方式,中国加强在发展援助领域的国际合作,并在尊重受援国意愿的前提下,与其他多双边援助方试点开展优势互补的三方合作"。③2016年4月22日中国外交部公布的

---

① Nadine Piefer et al., "Triangular Co-Operation in the Era of the 2030 Agenda: Sharing Evidence and Stories from the Field", Global Partnership Initiative (GPI) on Effective Triangular Co-operation Draft Report, 2019, p. 10.

② United Nations Development Programme, "Trilateral Cooperation with China – Sharing China's Development Experience through Innovative Partnerships", South South Cooperation, 2016, p. 5, https://www.oecd.org/dac/dac-global-relations/Discussion%20Paper_Trilateral%20Cooperation%20with%20China.pdf.

③ United Nations Development Programme, "Trilateral Cooperation with China – Sharing China's Development Experience through Innovative Partnerships", South-South Cooperation, 2016, p. 5, https://www.oecd.org/dac/dac-global-relations/Discussion%20Paper_Trilateral%20Cooperation%20with%20China.pdf.

◇ 国际关系若干问题研究

《落实 2030 年可持续发展议程中方立场文件》表示，要"稳妥开展三方合作"，以"优化发展伙伴关系"。[①] 同年发布的《中国落实 2030 年可持续发展议程国别方案》中则指出要在尊重受援国意愿的前提下，与其他多双边援助方一道稳妥推进优势互补的三方合作，丰富援助方式，提升援助效果。[②] 2015 年 9 月 26 日，习近平主席出席联合国发展峰会并发表题为《谋共同永续发展 做合作共赢伙伴》的重要讲话。在讲话中，他指出，优化发展伙伴关系。发达国家应该及时兑现承诺、履行义务，国际社会应该坚持南北合作主渠道地位，深化南南合作和三方合作，支持私营部门等利益攸关方在伙伴关系中发挥更大作用。[③]

中国现有三方合作机制包括中俄蒙三方合作、中俄印三方合作等，并积极与联合国开发计划署、联合国环境规划署等多边国际机构合作开展三方合作。中国对于对外援助中的三方合作的态度经历了一个由相对中立向积极探索的转变。中国领导人多次在重要讲话中强调要深化三方合作，并积极与多国元首共同探讨开展三方合作。中国开展三方合作，在政治上强调增进互信，打造命运共同体；在经济上强调对接各自发展战略，推动区域经济合作进程；在人文上强调密切民众交流和联系，

[①] 《落实 2030 年可持续发展议程中方立场文件》，外交部网站，2016 年 4 月 22 日，http：//www.fmprc.gov.cn/ziliao_674904/zt_674979/dnzt_674981/qtzt/2030kcxfzyc_686343/201604/t20160422_9279988.shtml。

[②] 《中国落实 2030 年可持续发展议程国别方案》，中国政府网，2016 年 9 月 19 日，第 19 页，https：//www.gov.cn/xinwen/2016-10/13/5118514/files/4e6d1fe6be1942c5b7c116e317d5b6a9.pdf。

[③] 《习近平在联合国发展峰会上的讲话（全文）》，新华网，2015 年 9 月 27 日，http：//www.xinhuanet.com/world/2015-09/27/c_1116687809.htm。

巩固三方合作社会基础;在国际和地区事务上强调加强协调和配合,维护地区及世界和平稳定。①

一、三方合作产生的背景

(一)援助主体的多元化

国际发展援助是一种特殊形式的国家之间的转移支付,是一个国家对另一个国家提供的无偿的或优惠的有偿货物或资金,用以解决受援国所面临的政治、经济、社会、环境等各种发展过程中遇到的问题。② 当一国经济获得发展,通过国际援助来树立国际形象、提升国际地位几乎成为各国的共识。二战后,美国是最主要的援助主体,通过"马歇尔计划"援助欧洲重建。到1952年6月,美国共为欧洲的16个国家提供了133亿美元的援助,约为美国当时GDP的1.5%。③ 20世纪50年代,在冷战及两极格局的背景下,美苏开始通过援助争夺势力范围,此时苏联成为了世界上除美国之外的主要援助国。20世纪60年代之前,虽然欧洲包括英法等国家在内的原殖民国家也存在一些对原殖民地国家的人道主义援助和发展援助,但规模都相对较小。20世纪60年代开始,欧洲国家开始成为新的援助国,1960——

---

① 《习近平出席中俄蒙三国元首第二次会晤》,人民网,2015年7月10日,http://world.people.com.cn/n/2015/0710/c157278-27281158.html。

② 李小云、唐丽霞、武晋编著:《国际发展援助概论》,社会科学文献出版社2009年版,第1页。

③ [美]德怀特·H. 波金斯、斯蒂芬·拉德勒、戴维·L. 林道尔著,彭刚等译:《发展经济学》(第六版),中国人民大学出版社2013年版,第450—451页。

1980年，先后有比利时、法国、德国、意大利、荷兰、英国等17个欧洲国家加入援助国行列。① 20世纪70年代，随着第四次中东战争和两次石油危机的爆发，石油输出国组织的经济实力迅速增强，对国际石油市场价格的影响也急剧增加，② 石油输出国组织开始为组织内部及周边的一些阿拉伯国家提供援助。与此同时，包括巴西、南非、印度在内的一些发展中国家也开始提供小规模的对外援助。直到21世纪初，随着一些新兴经济体经济发展水平的提高，发展中国家开始逐渐成为提供国际援助的重要力量。2006年6月，八国集团与OECD、世界银行联合举行"全球发展共同体中的新兴援助者"会议，会议强调，新兴援助国是国际社会实现千年发展目标中积极的、必不可少的因素。③ 近年来，随着传统援助国经济增长乏力、新兴发展中国家的崛起，传统援助国在国际发展援助中的比例进一步下降。

（二）传统援助模式供给和需求不匹配

传统的援助体系形成于20世纪60年代，其所代表的是一种自上而下的过程，援助资金等单向地从发达国家流向发展中国家。一般认为，国际发展援助的目标包括政治目标、经济目标

---

① 唐丽霞、李小云：《国际发展援助体系的演变与发展》，《国外理论动态》2016年第7期，第47页。
② 李小云、唐丽霞、武晋编著：《国际发展援助概论》，社会科学文献出版社2009年版，第31页。
③ 李小云、唐丽霞、武晋编著：《国际发展援助概论》，社会科学文献出版社2009年版，第53页。

和人道主义目标。① 除人道主义目标外,发展援助委员会(简称DAC)框架下大部分援助的政治目标和经济目标都是从援助国角度出发的,其援助模式是供应驱动型的,受援国在其中缺乏自主性。传统供应驱动型的 DAC 援助导致了援助国提供的援助和受援国具体需求不匹配。这种不匹配一方面源于援助国对受援国具体情况的不了解,从而无法对受援国的具体问题进行识别定位;另一方面即使援助国能够识别和定位受援国的问题,但由于对受援国的国情和环境缺乏了解,其援助方案往往表面上看起来不错但实际可行性不高或施行效果不佳。② 20 世纪 80 年代之后,受"善治"理念的影响以及出于对援助有效性的关注,西方发达国家普遍认同援助对受援国经济增长的影响取决于其是否有良好的治理,③ 从而对潜在受援国进行选择性援助成为西方发达国家的共识。出于对受援国治理情况的关注,DAC援助国一方面更加倾向于将援助提供给具备良好治理体系的国家,而不是治理体系不完善的最不发达国家;另一方面为"帮助"受援国建立良好的治理体系,DAC 援助国将更多的援助投入受援国的政府治理、公民社会的发展、民主等"软件"领域,同时往往附带涉及经济和政治的附加条款。由于受援国大多为中低收入的发展中国家,发展经济、实现增长往往是其第一要

---

① 李小云、唐丽霞、武晋编著:《国际发展援助概论》,社会科学文献出版社 2009 年版,第 2 页。

② Deborah B. L. Farias, "Triangular Cooperation and the Global Governance of Development Assistance: Canada and Brazil as 'Co-donors'", Canadian Foreign Policy Journal, No. 21, 2015, p. 3.

③ 刘靖:《全球援助治理困境下重塑国际发展合作的新范式》,《国际关系研究》2017 年第 4 期,第 34 页。

务。德怀特·H. 波金斯等在其《发展经济学》中将大部分的对外援助目标概括为四种广泛目标，但并非所有的援助都以增加受援国投资和经济增长为目的，在一些紧急情况下（如发生自然灾害或人道主义危机时）提供的援助大部分支持的是基础消费而不是经济增长，促进健康、教育和环境的援助大部分增加的是消费而不是投资，在经济波动后为稳定经济而提供的援助主要是为了帮助受援国调节汇率压力，[1] 而只有修建基础设施以及支持受援国生产部门的援助能够在最大程度上帮助受援国实现增加投资和经济增长的目的。南方援助国大多是处于转型阶段的发展中国家，经历过与受援国相似的发展阶段，深知发展是贫困国家的第一要务。因此，基于历史情况的相似性，其在南南合作框架下的援助多集中在基础设施建设、农业、贸易、技术转移等经济基础设施和服务领域。并且出于对受援国的理解以及自身追求国际形象、地位与话语权的需求，在南南合作框架下的援助很少附加政治条件，反对通过援助进行干涉是南南合作的一大特点。[2] 但同时，南南合作机制也存在一定的不足，特别是缺乏规范性与透明度，这可以在三方合作中由具有丰富经验与完善制度的传统援助国加以补足。在现阶段，南方援助国援助过程中的透明度也在不断提高。

---

[1] [美] 德怀特·H. 波金斯、斯蒂芬·拉德勒、戴维·L. 林道尔著，彭刚等译：《发展经济学》（第六版），中国人民大学出版社 2013 年版，第 461—466 页。

[2] 徐佳利、梁晓君：《联合国南南合作创新：结构、理念和模式》，《区域与全球发展》2019 年第 4 期，第 23—52 页。

（三）传统国际发展援助体系的反思——从"援助有效性"到"发展有效性"

基于援助有效性的讨论起源于20世纪80年代，经历过两次石油危机的西方发达国家对传统的援助有效性提出了质疑，有些接受了大量援助的国家经济增长依旧缓慢甚至出现负增长。除此之外，援助助长了一些国家对其的依赖性，出现贪污、腐败滋生的现象。赞比亚学者丹比萨·莫约在其《援助的死亡》一书中提到，"1970—1998年，在对非洲的援助资金达到高峰时，非洲的贫困率从11%增长到了难以置信的66%，非洲约10亿人口当中的6亿陷入了贫困的沼泽"。[①] 2005年签署的《关于援助有效性的巴黎宣言》将援助有效性作为议题正式提出，并提出了衡量援助有效性的五项基本原则：自主性原则（发展中国家自己制定减贫、改善机构设置及解决腐败问题的相关战略）、联系原则（援助国的援助遵循受援国战略目标，并在援助过程中充分调动受援国当地系统）、协调原则（援助国负责协调、简化流程和信息共享，以此避免重复投入）、重成果原则（将重点转向受援国发展成果，使成果可评价）和相互问责制原则（援助国和受援国共同对发展成果负责）。[②] 其中得到最多关注的是自主性原则，即赋予受援国更多的自主权。2008年9月，第三届援助有效性高层论坛于阿克拉举行，通过了《阿克拉行

---

① ［赞比亚］丹比萨·莫约著，王涛、杨惠等译：《援助的死亡》，世界知识出版社2010年版，第33页。

② Organization for Economic Cooperation and Development, "Paris Declaration and Accra Agenda for Action", Mar. 3, 2005, https://www.oecd.org/dac/effectiveness/34428351.pdf.

动议程》，其主要内容为通过解决三大挑战来加快和深化援助有效性进程。事实上，要提高援助的有效性必须经过援助国与受援国双方的努力，发展合作的概念架构必须从为援助而援助的"自由主义"向促进受援国"能力发展"的方向过渡，最终立足于以实现联合国千年发展目标为基石的价值体系转变。① 这也是有关援助有效性高级别会议会址从发达国家以及援助国集团的大本营巴黎转向发展中大陆、受援国最集中的非洲国家加纳首都阿克拉所传递出的信息。② 《阿克拉行动议程》有四个主要改进领域：一是自主性，各国通过更广泛地参与发展政策制定、在援助协调方面发挥更大的领导作用以及更多地利用国家系统运送援助物资，以在发展进程中拥有更多的发言权；二是包容性伙伴关系，所有伙伴——包括传统DAC援助国和发展中国家、其他援助者、基金和民间组织——都充分参与；三是交付结果，援助聚焦于对发展产生实际和可衡量的影响；四是能力发展，建立国家管理自身未来的能力——也是《阿克拉行动议程》的核心。③ 2011年第四届援助有效性高层论坛通过的《有关新的全球合作关系的釜山宣言》（简称《釜山宣言》），将金砖国家和一些私营部门、国际非政府组织等新的援助主体纳入其中，④

---

① 李小云、王妍蕾、唐丽霞编著：《国际发展援助——援助有效性和全球发展框架》，世界知识出版社2015年版，第11页。

② 贺文萍：《从"援助有效性"到"发展有效性"：援助理念的演变及中国经验的作用》，《西亚非洲》2011年第9期，第122页。

③ Organization for Economic Cooperation and Development, "Paris Declaration and Accra Agenda for Action", Mar. 3, 2005, https://www.oecd.org/dac/effectiveness/34428351.pdf.

④ 李小云、王妍蕾、唐丽霞编著：《国际发展援助——援助有效性和全球发展框架》，世界知识出版社2015年版，第20页。

在南北援助的基础上引入南南合作,标志着国际发展援助理念从"援助有效性"转变为"发展有效性"。《釜山宣言》提出了四项原则:第一,发展中国家对于优先发展事项的自主性,各国应明确自己想要实施的发展模式;第二,注重成果,具有可持续影响应该是发展政策制定方面的投资和努力背后的推动力;第三,发展合作关系,发展有赖于所有行动者的参与,并认识到其职能的多样性和互补性;第四,透明度和共同责任,发展合作必须透明,并对所有公民负责。①《釜山宣言》四项行动计划为深化、扩大并实施发展政策及进程的民主参与,加大取得具体而可持续成果的努力,加大南南合作(发展中国家—发展中国家)和三方合作(发展中国家—发展中国家—发达国家)的支持,使这些平行合作关系更加适应各国的国情及需要;肯定发展中国家调动并利用各种发展资金及活动所付出的努力,同时确保这些不同形式的合作能够对发展产生催化剂的作用。②

二、三方合作的现状

近年来,特别是2015年联合国通过"2030年可持续发展议程"以后,全球对三方合作的关注持续上升,全球范围内的二

---

① Organization for Economic Cooperation and Development, "The Busan Partnership for Effective Development Co-operation", Jun. 3, 2020, http://www.oecd.org/dac/effectiveness/busanpartnership.htm.

② 李小云、王妍蕾、唐丽霞编著:《国际发展援助——援助有效性和全球发展框架》,世界知识出版社2015年版,第20页。

方合作项目也呈现高速增长的趋势。2015年以来，涉及三方合作的国际发展议程包括2016年11—12月举行的全球有效发展合作伙伴关系第二次高级别会议、2017年9月举行的发展合作论坛：阿根廷关于南南合作和三方合作的高级别专题讨论会、2019年3月在阿根廷布宜诺斯艾利斯举行的第二届联合国南南合作高级别会议等。[1] 在OECD于2015年针对三方合作开展的调查中，报告的三方合作活动总数为466项[2]。截至2019年7月1日，OECD三方合作数据库中报告的项目数达到838项[3]，增幅超过80%。

（一）范围、规模和领域

据OECD数据显示，参与三方合作项目最多的国家依次为德国（174项）、智利（145项）、墨西哥（132项）、危地马拉（109项）、西班牙（102项）、日本（90项）、巴西（84项）、哥伦比亚（79项）和哥斯达黎加（78项）。[4] 据OECD 2019年

---

[1] Organization for Economic Cooperation and Development, "Triangular Co‐operation in the International Development Agenda", https：//www.oecd.org/dac/dac‐global‐relations/triangular‐cooperation.htm.

[2] 该数字根据OECD发展政策文件"Dispelling the Myths of Triangular Co‐operation‐Evidence from the 2015 OECD Survey on Triangular Co‐operation", 第11页的图表计算得出。

[3] Organization for Economic Cooperation and Development, "Triangular Co‐operation Repository of Projects", https：//www.oecd.org/dac/dac‐global‐relations/triangular‐co‐operation‐repository.htm.

[4] Organization for Economic Cooperation and Development, "Triangular Co‐operation Repository of Projects", https：//www.oecd.org/dac/dac‐global‐relations/triangular‐co‐operation‐repository.htm.

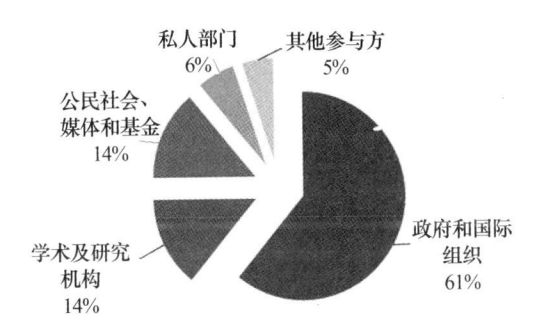

图1 三方合作参与方类型

资料来源：Organization for Economic Cooperation and Development, "Dispelling the Myths of Triangular Co‑operation‑Evidence from the 2015 OECD Survey on Triangular Co‑operation", OECD Development Policy Papers, 2017, p.9, https：//www. oecd‑ilibrary. org/docserver/a8b14341‑en. pdf? expires = 1563349913&id = id&accname = guest&checksum = 44518A7A8CC9843347F0E2C966B69A21。

发布的报告《2030议程时代的三方合作》，2012年以来自愿报告的三方合作项目数据显示，参与三方合作最积极的国际组织为联合国开发计划署、欧佩克国际发展基金、欧盟、伊斯兰开发银行和泛美卫生组织。这些国际组织报告的三方合作项目数量为19—41项。[①] 三方合作最主要的参与主体为各国政府及国际组织，其余主体包括学术界和研究机构、公民社会、媒体和基金会、私人部门等。其中，学术界对于三方合作的参与主要体现在提供具体的专业知识、交换专家或参与对伙伴国家专家

[①] Nadine Piefer et al., "Triangular Co‑operation in the Era of the 2030 Agenda: Sharing Evidence and Stories from the Field", Global Partnership Initiative (GPI) on Effective Triangular Co‑operation Draft Report, 2019, p.16.

的专业培训。① 从地理分布上来看，全球最多的三方合作项目分布在拉丁美洲和加勒比地区（简称 LAC），其数量占报告提及的三方合作项目总数的 49%，其次分别是非洲（16%）、亚太（12%）、中东和北非地区（3%）以及独立国家联合体（2%）。跨区域的三方合作项目数量占报告提及的三方合作项目总数的 18%。② 与传统的南北援助相比，三方合作项目在区域选择上的一个突出特点在于更加关注最不发达地区。在 2015 年 OECD 开展的针对三方合作的调查中，所报告三方伙伴关系中涉及最不发达国家的占总数的 39%③，相比之下，2012 年 DAC 援助国向最不发达国家的双边政府开发援助占全球政府开发援助总额的 20.7%④。

三方合作的预算金额和合作持续时间跨度极广，OECD 在 2019 年的报告中显示，三方合作项目预算金额从低于 10 万美元到高于 1000 万美元不等，其中低于 100 万美元的合作项目占所有被报告项目总数的 68%。合作持续时间也从几个月到十年以

---

① Organization for Economic Cooperation and Development, "Dispelling the Myths of Triangular Co‑operation‑Evidence from the 2015 OECD Survey on Triangular Co‑operation", OECD Development Policy Papers, 2017, pp. 9 - 10, https：//www.oecd‑ilibrary.org/docserver/a8b14341‑en.pdf? expires = 1563349913&id = id&accname = guest& checksum = 44518A7A8CC9843347F0E2C966B69A21.

② Nadine Piefer et al., "Triangular Co‑operation in the Era of the 2030 Agenda: Sharing Evidence and Stories from the Field", Global Partnership Initiative (GPI) on Effective Triangular Co‑operation Draft Report, 2019, p. 16.

③ 该数字根据 OECD 发展政策文件 "Dispelling the Myths of Triangular Co‑operation‑Evidence from the 2015 OECD Survey on Triangular Co‑operation"，第 13 页的图表数据计算得出。

④ 齐顾波：《国际发展援助——中国的对外援助》，世界知识出版社 2015 年版，第 59 页。

第一部分　国际经济合作

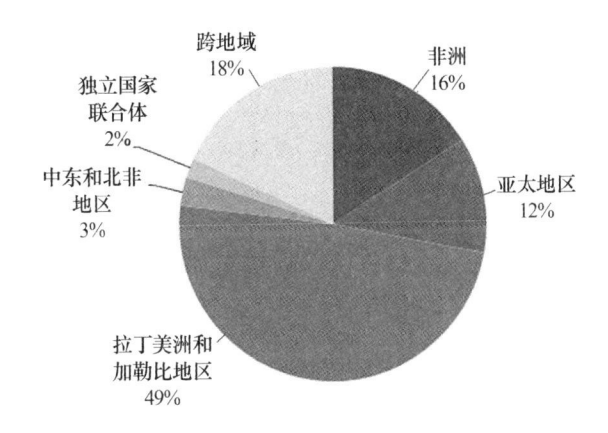

图2　三方合作项目的区域分布

资料来源：Nadine Piefer et al.，"Triangular Co‑operation in the Era of the 2030 Agenda: Sharing Evidence and Stories from the Field"，Global Partnership Initiative（GPI）on Effective Triangular Co‑operation Draft Report，2019，p. 16。

上不等。且在三方合作中，较长的项目并不一定意味着投资金额较高：只有4%的持续四年以上的三方合作项目预算在500万美元以上。①

表1　三方合作活动和项目预算

三方合作预算（美元）	项目数量（个）	项目数量占比（%）
<100000	133	23
100000—500000	144	25

---

① Nadine Piefer et al.，"Triangular Co‑operation in the Era of the 2030 Agenda: Sharing Evidence and Stories from the Field"，Global Partnership Initiative（GPI）on Effective Triangular Co‑operation Draft Report，2019，p. 20.

续表

三方合作预算（美元）	项目数量（个）	项目数量占比（%）
500000—1000000	116	20
1000000—5000000	133	23
5000000—10000000	18	3
>10000000	33	6
合计	577	100

资料来源：Nadine Piefer et al.，"Triangular Co – operation in the Era of the 2030 Agenda：Sharing Evidence and Stories from the Field"，Global Partnership Initiative (GPI) on Effective Triangular Co – operation Draft Report，2019，p. 20。

表2　三方合作活动和项目的持续时间

三方合作活动持续时间（个月）	项目数量（个）	项目数量占比（%）
<12	97	14.3
12—24	88	13
25—48	332	49
49—132	146	21.5
>132	15	2.2
合计	678	100

资料来源：Nadine Piefer et al.，"Triangular Co – operation in the Era of the 2030 Agenda：Sharing Evidence and Stories from the Field"，Global Partnership Initiative (GPI) on Effective Triangular Co – operation Draft Report，2019，p. 20。

根据OECD在2019年发布的报告《2030议程时代的三方合作》，三方合作的重点部门和领域包括政府和公民社会领域（24%）、农业和粮食安全领域（16%）、健康领域（11%）、环境保护领域（9%）、能源领域（7%）、商业和其他服务领域（6%）等。可以看出，三方合作的重点领域为与民生息息相关的经济基础设施和服务领域。

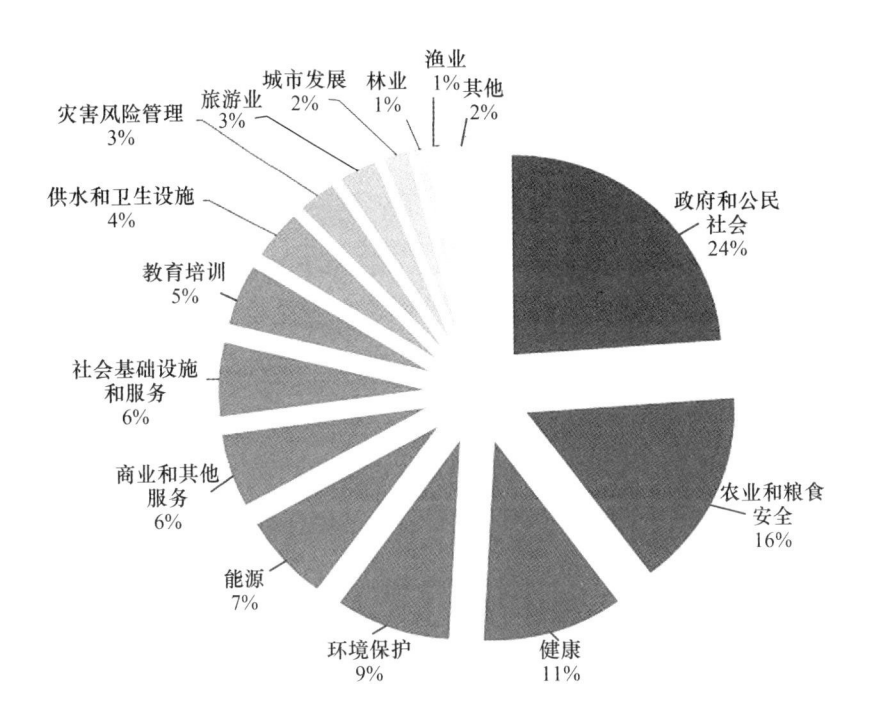

图 3　三方合作项目部门分布情况

资料来源：Nadine Piefer et al., "Triangular Co-operation in the Era of the 2030 Agenda: Sharing Evidence and Stories from the Field", Global Partnership Initiative (GPI) on Effective Triangular Co-operation Draft Report, 2019, p.19。

（二）附加值

现有研究和调查中关于三方合作附加值具体情况的报告较少，其中一方面的原因是关于三方合作的附加值没有具体的限定且"附加值"难以进行定量评估；另一方面的原因在于现阶段对于三方合作项目的评估主要集中于项目的完成情况以及协议、预算的遵守情况等，缺乏基于三方合作成果的评估，特别是各参与方的联合评价。但不论是 2015 年 OECD 关于三方合作的调查，还是 2016 年里斯本会议和智利圣地亚哥发展合作对话，都达成了三方合作有明确的附加值的共识。目前，虽然三方合作的附加值还无法被完整和系统地评估，但其所包含的内容可以通过对比三方合作和包括双边合作在内的其他合作形式，以及分析各参与方参与三方合作的动机来探知。根据 OECD 2015 年的调查显示，在参与三方合作的动机中位列前三的是响应伙伴国家支持南南合作的要求、利用南南合作的比较优势和与南南合作伙伴学习和分享经验。从此次调查结果中可以看出，虽然三方合作能够有效分担合作费用、降低合作成本，但其并不是积极参与三方合作的各参与方的首要动机。2016 年在里斯本举办的"关于三方合作：促进伙伴关系以实现可持续发展目标"的会议，以及在智利圣地亚哥举办的关于三方合作的未来及其对于取得可持续发展目标的重要性的 LAC – DAC 发展合作对话中，三方合作的附加值被概括为：通过三方合作，合作伙伴共享知识、共同学习、促进能力发展、合作并共同创造应对发展挑战的解决方案。①

---

① Organization for Economic Cooperation and Development, "Dispelling the Myths of Triangular Co – operation – Evidence from the 2015 OECD Survey on Triangular Co – operation", OECD Development Policy Papers, 2017, p. 8, https：//www. oecd – ilibrary. org/docserver/a8b14341 – en. pdf? expires = 1563349913&id = id&accname = guest&checksum = 44518A7A8CC9843347F0E2C966B69A21.

（三）规划和实施机制

相比双边合作，三方合作的发展历史较短，规划和实施机制并不十分成熟，但这并不意味着三方合作没有可遵循的、明确的规划和实施机制。由于许多参与方将三方合作作为双边合作的补充形式或在双边合作的基础上延伸而来，因此在机制上，它们也在很大程度上沿用了双边合作的机制。从 2015 年 OECD 调查的结果来看，63% 的受访者在三方合作中运用双边机制，56% 的受访者在三方合作中采用联合协议（包括谅解备忘录等）。现有三方合作规划和实施机制还包括成本分摊安排、操作指南、联合评价、基金机制/预算线、代理机制等。

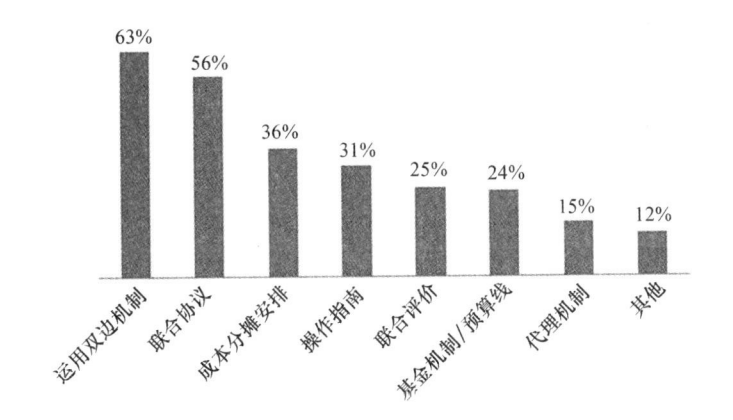

图4　三方合作规划和实施机制

资料来源：Organization for Economic Cooperation and Development, "Dispelling the Myths of Triangular Co‑operation – Evidence from the 2015 OECD Survey on Triangular Co‑operation", OECD Development Policy Papers, 2017, p. 25, https：//www. oecd‑ilibrary. org/docserver/a8b14341 – en. pdf? expires = 1563349913&id = id&accname = guest&checksum = 44518A7A8CC9843347F0E2C966B69A21。

◇ 国际关系若干问题研究

在合作形式上，目前的三方合作大多采取项目式合作，以项目为中心开展合作。项目式合作的突出特点是针对性强，援助国提供的援助资金被替代（被用于其他目标）的可能性小，且规划、实施的各流程都针对项目进行，能够提高合作的有效性。除项目式合作之外，调查显示的合作形式还包括独立技术援助、派遣专家等。合作的形式通常与合作期限形成对应，以项目为中心的项目式合作通常持续时间较长，而技术援助和专家派遣形式的合作相比之下持续时间较短。

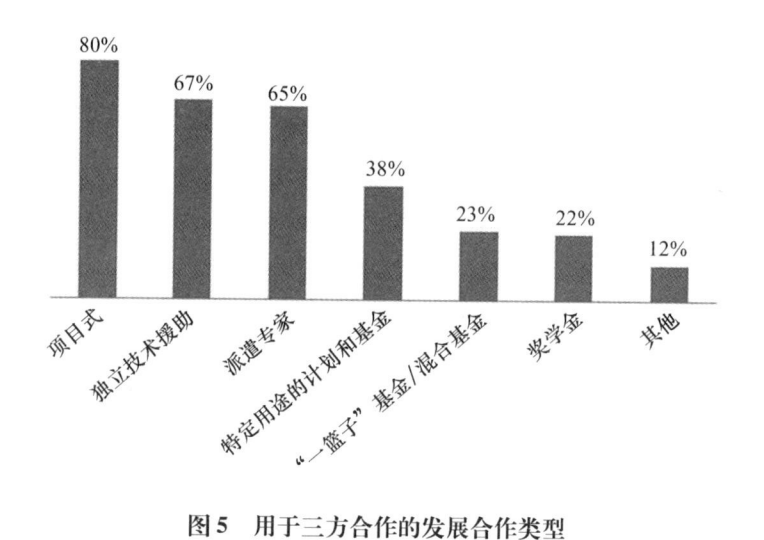

- 项目式：80%
- 独立技术援助：67%
- 派遣专家：65%
- 特定用途的计划和基金：38%
- "一篮子"基金/混合基金：23%
- 奖学金：22%
- 其他：12%

图5 用于三方合作的发展合作类型

资料来源：Organization for Economic Cooperation and Development, "Dispelling the Myths of Triangular Co‐operation‐Evidence from the 2015 OECD Survey on Triangular Co‐operation", OECD Development Policy Papers, 2017, p. 29, https://www.oecd‐ilibrary.org/docserver/a8b14341‐en.pdf? expires = 1563349913&id = id&accname = guest&checksum = 44518A7A8CC9843347F0E2C966B69A21。

三、三方合作路径

联合国开发计划署在 2016 年的一份讨论文件中指出,全球范围内的三方伙伴关系主要有三种类型:一是各方提供补充性技术和资金捐助;二是传统 DAC 国家或多边发展机构为项目活动提供资金,而一个新兴援助国则提供从其自身经验中获得的发展专门知识和诀窍;三是在涉及两个以上发展合作提供者的情况下,一些提供者可能仅提供资金支持,而另一些提供者仅提供技术专长。① OECD 在 2017 年的一份政策文件中指出,根据收入水平划分,三方伙伴关系主要有四种模式:一是中等收入国家和高收入国家或中等收入国家与国际组织;二是高收入国家或国际组织、中等收入国家和最不发达国家;三是国际组织、高收入国家、中等收入国家和最不发达国家;四是高收入国家或国际组织和两个或更多的低收入国家或最不发达国家。② 而从合作方的选择来看,三方合作可以通过在区域内开展三方合作、跨区域开展三方合作以及与国际组织在全球开展三方合作三条路径实现。

---

① United Nations Development Programme, "Trilateral Cooperation with China – Sharing China's Development Experience through Innovative Partnerships", South – South Cooperation, 2016, p. 3, https://www.oecd.org/dac/dac-global-relations/Discussion%20Paper_Trilateral%20Cooperation%20with%20China.pdf.

② Organization for Economic Cooperation and Development, "Dispelling the Myths of Triangular Co-operation – Evidence from the 2015 OECD Survey on Triangular Co-operation", OECD Development Policy Papers, 2017, p. 12, https://www.oecd-ilibrary.org/docserver/a8b14341-en.pdf?expires=1563349913&id=id&accname=guest&checksum=44518A7A8CC9843347F0E2C966B69A21.

（一）区域内开展三方合作

OECD 在 2017 年的政策报告①中指出，同一地区国家之间的三方合作依然是最常见的。同区域内的国家开展三方合作，具有某些先天优势，地理上相近的地缘优势使得其更容易通过经济基础设施建设等项目促进彼此之间的互联互通。除此之外，语言和相似的历史文化背景也是重要的因素。比如 LAC 的大部分三方合作项目都在区域内展开，就这些国家在非洲或亚太地区的合作而言，大多数三方合作都包括葡萄牙语国家。② 与此同时，区域内开展三方合作也面临一定的挑战，比如：同一区域内的国家在产业结构上具有相似性，难以形成互补，如南太岛国之间；③ 某些区域内部普遍经济发展水平较为落后，缺乏三方合作开展所必要的资金支持，如撒哈拉以南的非洲地区；区域内部的国家之间存在矛盾冲突或历史遗留问题，难以达成合作等。

---

① Organization for Economic Cooperation and Development, "Dispelling the Myths of Triangular Co-operation-Evidence from the 2015 OECD Survey on Triangular Co-operation", OECD Development Policy Papers, 2017, https://www.oecd-ilibrary.org/docserver/a8b14341-en.pdf?expires=1563349913&id=id&accname=guest&checksum=44518A7A8CC9843347F0E2C966B69A21.

② Organization for Economic Cooperation and Development, "Dispelling the Myths of Triangular Co-operation-Evidence from the 2015 OECD Survey on Triangular Co-operation", OECD Development Policy Papers, 2017, p.11, https://www.oecd-ilibrary.org/docserver/a8b14341-en.pdf?expires=1563349913&id=id&accname=guest&checksum=44518A7A8CC9843347F0E2C966B69A21.

③ 张颖:《试论"一带一路"倡议在南太平洋岛国的实施路径》,《太平洋学报》2019 年第 1 期，第 93—104 页。

在区域内开展三方合作,在经济上有利于各合作参与方经济战略的对接,有利于促进各国之间的贸易和投资,有利于各国产业的相互促进、相互补充与共同发展。除此之外,三方合作项目对于区域内相对落后国家能力建设的加强有利于改善区域经济环境,促进区域经济的良性和可持续增长。在政治上,三方合作有利于区域内的各国形成良好的国际关系,为发展创造良好的周边环境,并且有利于区域的协调发展与和谐稳定。在文化上,三方合作给各国的文化交流和民间交往提供了良好的机遇,有利于区域内各国之间的文化繁荣共生以及民心相通。

(二)跨区域开展三方合作

跨区域开展三方合作包括与同一区域内的合作伙伴在其他区域开展三方合作,以及与不在同一区域内的合作伙伴开展三方合作。

在 OECD 的 2018 年发展合作报告的配套报告《不让任何一个掉队的案例研究》[1]中,包括了玻利维亚—阿根廷—德国关于加强玻利维亚先天性心脏病治疗的三方合作项目案例。这一合作针对玻利维亚境内无医疗保障的贫困人群,旨在通过分享阿根廷在检测和治疗心脏病方面的专业知识,加强玻利维亚在儿科心脏病学的医疗网络和分散医疗服务来降低玻利维亚婴儿死

---

[1] OECD The Development Assistance Committee, "Case Studies on Leaving No One Behind: A Companion Volume to the Development Cooperation Report 2018", Dec. 11, 2018, https://www.oecd-ilibrary.org/docserver/9789264309333-en.pdf?expires=1563351081&id=id&accname=guest&checksum=7CFD3F46FDFAF957D906C02475EEC960.

亡率。玻利维亚作为该三方合作的受援国，是拉丁美洲婴儿死亡率最高的国家之一，平均每1000个婴儿中就有24个在1岁前死亡。[①] 降低婴儿死亡率是玻利维亚2016—2020年国民经济和社会发展计划以及部门健康计划的优先事项。阿根廷作为新兴援助国，拥有领跑拉美地区的心脏病发现和治疗技术，并有丰富的心脏病治疗经验。德国作为传统DAC援助国，在此前和玻利维亚存在双边合作关系，合作领域涉及气候治理、卫生等。该项目属于德国联邦经济合作与发展部设立的拉丁美洲三方合作区域基金的范畴，包括相关领域医疗基础设施的强化和相关专业人员的培训等内容。涉及该合作的三方各机构积极参与，特别是玻利维亚从卫生部到市政一级的卫生组织，在三方合作中充分发挥了作为受援国参与者的自主性。该项目获得比较突出的成效。

从作用看，跨区域开展三方合作，有利于拓展合作关系，与更多国家构建战略伙伴关系；有利于拓展投资目标市场；在开展合作的过程中，还可以利用合作方的协调者和中介作用及其在目标区域的良好关系基础，保障合作项目的顺利进行。

（三）与国际组织在全球开展三方合作

与国际组织在全球范围内开展三方合作是实现三方合作的

[①] OECD The Development Assistance Committee, "Case Studies on Leaving No One Behind: A Companion Volume to the Development Cooperation Report 2018", Dec. 11, 2018, p. 109, https://www.oecd-ilibrary.org/docserver/9789264309333-en.pdf?expires=1563351081&id=id&accname=guest&checksum=7CFD3F46FDFAF957D906C02475EEC960.

另一条重要路径。OECD 统计数据显示，自 2012 年起，在 OECD 三方合作项目库收集的项目总数中，66% 由政府提供，20% 由国际组织提供，其余 14% 由政府和国际组织联合提供。①国际组织已成为参与全球三方合作的重要主体。

国际组织作为多边机构，本身具有在多国开展援助及合作项目的经验，并在多国设有分支机构，对当地的情况较为了解，且国际组织项目的开展往往涉及一个或多个专业领域，积累了丰富的专业领域相关知识和经验，如联合国粮农组织在农业和粮食安全领域、联合国教科文组织在教育领域拥有丰富的专业经验。此外，国际组织具有更加中立的形象，没有国家主义色彩，有利于合作关系的顺利构建与发展。与专业性的国际组织开展三方合作更有针对性，使得参与方能够在合作过程中学习国际组织的专业经验和项目管理经验。同时，国际组织在三方合作中也可以充当中介者和协调者的角色，这有利于参与合作的各方建立良好的伙伴关系，在长远意义上促进各参与方之间的双边、三方和多边合作。

目前，与中国合作在全球范围内开展三方合作项目的国际组织包括联合国开发计划署、联合国环境规划署等。

四、三方合作与全球治理

1995 年，全球治理委员会在其发表的报告《天涯成比邻》

---

① Nadine Piefer et al., "Triangular Co-operation in the Era of the 2030 Agenda: Sharing Evidence and Stories from the Field", Global Partnership Initiative (GPI) on Effective Triangular Co-operation Draft Report, 2019, p. 19.

中系统阐述了全球治理的概念：全球治理"是个人和机构、公共和私人管理一系列共同事务方式的总和，它是一种可以持续调和冲突或多样利益诉求并采取合作行为的过程，包括具有强制力的正式制度与机制，以及无论个人还是机构都在自身利益上同意或认可的各种非正式制度安排"。① 二战后，特别是进入冷战之后，为遏制苏联的影响，包括美国在内的西方各国主要利用布雷顿森林体系作为推动全球发展的途径②，由此国际货币基金组织和世界银行成为全球治理格局的主导。这一全球治理体系本身就具有扭曲性，对第三世界发展中国家不具有公平意义。进入20世纪80年代，由新自由主义发展观作为支撑的"华盛顿共识"成为全球发展的指导思想。在"华盛顿共识"下，西方发达国家将以进行私有化、自由化和市场化为核心的经济改革③作为第三世界发展中国家获得援助的前提条件，完全忽略了发展中国家自身的现实条件及发展需求。这一阶段的全球治理具有明显的不平等性，正如亨克·奥弗比克认为，"在过去20年里，所谓的全球治理实际上是新自由主义的全球治理，服务于资本在全球范围内积累的自由"。④ 进入21世纪以来，联合国作为全球治理的合法性机构，在全球发展治理中的核心地

---

① 蔡拓、杨雪冬、吴志成主编：《全球治理概论》，北京大学出版社2016年版，第9页。The Commission on Global Governance, "Our Global Neighborhood: The Report of the Commission on Global Governance", Oxford University Press, 1995, Chapter 1.

② 谢来辉：《从"扭曲的全球治理"到"真正的全球治理"——全球发展治理的转变》，《国外理论动态》2015年第12期，第5页。

③ 李小云、唐丽霞、武晋编著：《国际发展援助概论》，社会科学文献出版社2009年版，第35页。

④ [荷]亨克·奥弗比克著，来辉译：《作为一个学术概念的全球治理：走向成熟还是衰落？》，《国外理论动态》2013年第1期，第25—26页。

位逐渐得到彰显。2000年，联合国制定了《千年发展目标》。在2002年联合国蒙特雷发展融资峰会上，国际货币基金组织和世界银行首次以成员的身份参与。2015年，联合国可持续发展峰会通过了"2030年可持续发展议程"。[1] 至此，联合国逐渐取得了全球发展治理的主导权。联合国成为全球发展治理的核心机构，也意味着全球发展治理进入一个主体更加多元、治理更加公平的时代。发展中国家和发达国家更加公平合理的全球发展伙伴关系正在形成。[2]

三方合作背后蕴含的全球治理逻辑是多元性的。不同于传统的DAC框架下西方发达国家主导的"善治"发展援助治理理念，三方合作的治理理念更多受到南南合作的影响。南南合作遵循尊重国家主权、国家拥有和独立、平等、无条件、不干涉内政及互惠的原则[3]。而三方合作则将自主性作为其遵循的首要原则，强调在发展合作中受援国的自主性和发言权，三方合作项目围绕受援国实际需求展开。三方合作通过赋予小国自主权，使其参与到全球治理中。据OECD统计，已有超过60个国家和国际组织参与到三方合作之中。[4] 三方合作的不断兴起符合全球

---

[1] 谢来辉：《从"扭曲的全球治理"到"真正的全球治理"——全球发展治理的转变》，《国外理论动态》2015年第12期，第7页。

[2] 蔡拓、杨雪冬、吴志成主编：《全球治理概论》，北京大学出版社2016年版，第177页。

[3] 联合国第三次发展筹资问题国际会议：《亚的斯亚贝巴行动议程，2015》第56款，2015年7月27日，http：//www.un.org/ga/search/view_doc.asp?symbol=A/RES/69/313&Lang=C。

[4] Organization for Economic Cooperation and Development, "Triangular Co-operation Repository of Projects", https：//www.oecd.org/dac/dac-global-relations/triangular-co-operation-repository.htm.

治理多元化的发展趋势。三方合作模式有利于增加新兴援助国、发展中国家乃至最不发达国家在全球治理体系中的存在感和发言权,有利于实现公平和有效的全球治理。

习近平在中国共产党第十九次全国代表大会上的报告明确提出"共商共建共享的全球治理观"。这一新型全球治理观回答了"谁来治理""怎样治理"和"为什么治理"的重大问题,强调治理的多元主体、开放包容和公平公正,旨在推动构建新型国际关系,构建人类命运共同体。① 这与三方合作背后关于全球治理的逻辑理念不谋而合,也为中国积极参与三方合作提供了逻辑关系和理论基础。可以预见,三方合作在中国未来的援助和对外发展中的比重将越来越重,有关方面的研究也必将进一步拓展。

(本文原载于《区域与全球发展》② 2019 年第 6 期)

---

① 秦亚青、魏玲:《新型全球治理观与"一带一路"合作实践》,《外交评论(外交学院学报)》2018 年第 2 期,第 1 页。

② 本文作者:张颖、汪心宇。

新区域主义视角下的东南亚经济合作

东南亚地区的经济合作一直是国际关系学术界探讨的热点且学术成果丰富的议题。随着东南亚国家在二战后纷纷取得独立地位，为了维持自身的独立，避免大国干涉，同时为了加速促进国家发展，1967 年东南亚国家共同建立了东南亚国家联盟（简称东盟）。在很长一段时间内，相较于欧盟，东盟的合作程度浅、机制化建设水平低、各国政策协同性不高，经济一体化进程缓慢，成效不显著。但进入 21 世纪后，随着冷战的结束，发展中国家呼吁更大的全球经济话语权，东南亚国家也逐渐将自身置于全球经济发展的进程中来分析东盟的角色；同时，金融危机等客观因素也促使东南亚不得不重新思考其合作方式及发展方向。从建立东盟至今，东南亚国家的经济发展实现了迅猛增长，其区域经济合作也不断深入。如今，东南亚国家作为一个整体，已经在国际上，尤其在国际经济领域，扮演了一个愈发重要的角色。从松散的区域合作组织到机制建设、对外合作等发展都基本完善的区域共同体，东南亚区域经济合作的成功模式，对于区域经济合作和全球经济治理都具有重大意义。

一、区域主义与新区域主义

在全球化趋势出现以后,地区主义作为一种"去全球化"的尝试随之出现。冷战结束后,随着全球多极化和经济一体化的发展,新区域主义诞生,打破了全球化和区域化的绝对对立观念。20世纪90年代以来,随着新区域主义实践在全球范围内迅速蔓延,新区域主义研究逐渐成为国际关系学术界各个流派探索的新的重大课题。[1] 以新区域主义理论视角研究国际关系领域的问题可以更好地将之与全球化趋势结合分析,并以动态的视角看待区域化的发展进程。

(一)新区域主义理论的理论来源

国际上的一种主要观点是,新区域主义理论构建于三个元理论之上——全球社会理论、社会建构主义和比较研究。[2] 从全球社会理论来看:一方面,该理论意味着在本体论上以更加综合的社会科学取代传统的国家中心主义;另一方面,传统的国际关系学者或国际政治经济学家主要关注宏观区域主义的"大过程",其他诸如地理学、区域和文化研究等领域则主要关注地方和跨境区域。全球社会理论如今不得不在微观和宏观的研究

---

[1] 郑先武:《区域研究的新路径:"新区域主义方法"述评》,《国际观察》2004年第4期,第65页。

[2] Björn Hettne and Fredrik Söderbaum, "Theorising the Rise of Regionness", New Political Economy, Vol. 5, No. 3, 2000, pp. 459–461.

视角中达成妥协,新区域主义遵循全球社会理论,试图弥合宏观区域主义和微观区域主义之间的裂痕。从社会建构主义的视角看,社会建构主义突出强调区域是如何被社会建构的,也就是说,区域的构建是一个开放的过程而非既定的存在。既然不存在一个既定的区域,也就不存在既定的区域利益,所谓的区域利益和身份都是在互动和主体间理解的过程中被塑造的。从比较研究的视角看,比较研究对于新区域主义理论的帮助在于,它可以避免某一专业研究中的过度语境分析所夹杂的种族中心偏见和文化局限性解释的干扰。因此,根据其理论来源,新区域主义理论可以归结为三点:一是强调多视角分析,即在区域化的研究上微观和宏观视角相结合;二是强调主体间性,即强调区域化的发展进程及区域建构在观念上的动因;三是强调比较研究方法,即通过比较研究避免案例分析的个体差异造成理论的通用性缺失。

新区域主义理论是冷战时期区域主义理论的"知识遗产",它包含交流主义理论和新功能主义理论。交流主义理论认为"安全共同体是实现'一体化'的人的集团",其根本目标是"探讨如何通过建立政治共同体来废弃战争";新功能主义理论认为"高水平和程度日增的相互依存将促进合作的持续进程,并最终产生政治一体化"。[①] 简单来说,国内外对于新区域主义理论的理论来源问题,本质都是从旧的区域主义相关理论延伸而来。无论是社会建构主义还是新功能主义,都侧重强调更高

---

① 郑先武:《新区域主义理论:渊源、发展与综合化趋势》,《欧洲研究》2006年第1期,第39—42页。

水平的区域一体化和人们在认知水平上所达成的一体化观念。

（二）新区域主义理论的内涵

在国际上最先提出"新区域主义理论"的是哥德堡大学经济史系的名誉教授比约恩·赫特纳。赫特纳提出了"区域性"概念，指出在区域化进程中，某一边缘地区从一个为核心地区带来困扰的被动客体转变为一个能够表达新兴地区利益和解决地区内部冲突的主动主体，导致这一变化的就是区域性的增加。① 他将区域性分为五个维度：以人类居住地域划分的元区域、区域内部构成安全共同体但同时又是无政府状态的简单区域、由区域内部成员定义的以进行有组织化的合作的正式区域、由区域组织化框架推动社会沟通和价值观集聚而形成的公民社会区域，以及至少能够解决地区冲突并提供社会安全和区域平衡发展相关福利的区域国家。这五类区域性在程度上是逐步递进发展的。②

在现象层面，许多国外学者从不同的地域层面来分析新区域主义。理查德·黑格特和肖恩·布雷斯林认为，对于南方国家来说，国内新自由主义政策种类的增加是解释新的区域倡议的解释变量，这是新区域主义在南方的重要表现方式，摆脱旧

---

① Björn Hettne, András Inotai and Osvaldo Sunkel, "Globalism and the New Regionalism", Palgrave Macmillan, 1999, p. 19.
② Björn Hettne, András Inotai and Osvaldo Sunkel, "Globalism and the New Regionalism", Palgrave Macmillan, 1999, pp. 10 – 11.

的中央集权主义是新区域主义的一个决定性特征。① 彼德·卡赞斯坦指出,在亚洲,新区域主义遵循相互依赖和间接的规则②。蒂莫西·肖认为,在非洲,新区域主义存在五个新特征:是一种"发展型"经济和生态;主要形式为经济走廊和经济三角,强调民间社会和媒体;存在新的安全威胁;是一种导致持续性冲突的较为严峻的"战争经济";包含着更为正统和乐观的对于建立和平以及非洲的重建和重新定向的回应。③

中国学者郑先武指出,新区域主义理论现如今存在一个综合化发展趋势,这主要表现在两个方面:一是出现现实主义与自由主义、理性主义与社会建构主义乃至反思主义的理论综合化;二是出现区域主义发展动力的多层次、多纬度、多行为主体和多学科的互动分析。④ 许源源和孙毓蔓认为,新区域主义是一个整合的概念,但任何一种理解都涉及以下几个关键要素:一是以解决区域性(或跨域性)公共问题为出发点;二是以治理理论为基础,强调地方政府、非政府组织、市场组织等多元主体的参与;三是主体间的合作方式主要是协商谈判;四是形

---

① Shaun Breslin and Richard Higgott, "New Regionalism (s) in the Global Political Economy Conceptual Understanding in Historical perspective", Asia Europe Journal, Vol. 1, 2003, pp. 179 – 180.

② Shaun Breslin, Christopher W. Hughes, Nicola Phillips and Ben Rosamond eds., "New Regionalisms in the Global Political Economy", Routledge, 2002, p. 110.

③ Shaun Breslin, Christopher W. Hughes, Nicola Phillips and Ben Rosamond eds., "New Regionalisms in the Global Political Economy", Routledge, 2002, p. 177.

④ 郑先武:《新区域主义理论:渊源、发展与综合化趋势》,《欧洲研究》2006年第1期,第53页。

成共同的区域身份、提升区域整体实力是共同目标。① 除此以外，国内更多学者对新区域主义的现象进行分析，殷敏认为新区域主义表现为"区域贸易集团的强烈扩散"且"扩及全球范围、有明显的政治意涵、讨论的议题亦相当广泛"。② 袁政指出，从实践上看，新区域主义尝试突破国家干预与市场调节的两难选择，强调组织动员区域内部力量和培育竞争优势，把重点放在区域协作与政治机构的建设上。③ 整体来看，目前国内对于新区域主义理论的应用较多用于分析国内地区建设问题，且议题往往与治理密切相关，包括公共产品供给、区域一体化、协同治理等。④

不难看出，对于新区域主义理论的定义，赫特纳仍然是在这一方面研究最为深入的学者之一，因此这里也主要采取其新区域主义理论的定义来分析东南亚地区的经济合作。同时可以看到的是，现如今国际学者对于新区域主义的探讨较多集中于大区域的分析，如亚洲、非洲或南北国家的合作；国内学者则

---

① 许源源、孙毓蔓：《国外新区域主义理论的三重理解》，《北京行政学院学报》2015年第3期，第7页。

② 殷敏：《新区域主义时代下美式自由贸易协定的战略选择——兼论对中国的启示》，《苏州大学学报（哲学社会科学版）》2013年第3期，第96页。

③ 袁政：《新区域主义及其对我国的启示》，《政治学研究》2011年第2期，第100页。

④ 这一类文献如张树剑、黄卫平：《新区域主义理论下粤港澳大湾区公共品供给的协同治理路径》，《深圳大学学报（人文社会科学版）》2020年第1期，第42—49页；汤放华、古杰等：《新区域主义视角下长株潭城市群区域一体化过程与影响因素》，《人文地理》2018年第4期，第95—101页；宁琳映、徐蕾等：《新区域主义视角下的区域产业政策协调研究——以北部湾经济区产业结构趋同问题为例》，《经济与社会发展》2015年第3期，第57—61页；耿云：《新区域主义视角下的京津冀都市圈治理结构研究》，《城市发展研究》2015年第8期，第15—20页。

较多将新区域主义理论应用于国内地区的治理问题,对于国际地区合作的新区域主义视角分析相对较少。

(三)以新区域主义理论视角探讨区域经济合作

对于新区域主义理论的分析最多出现在国际政治经济学领域,包括在新区域主义理论视角下对于经济一体化和经济合作的成因、特征和结果进行分析。在原因层面,珀西·米斯特里等人认为区域经济效益应该突破传统的关税同盟理论,以动态效应的视角来分析区域经济的发展成效,而新区域主义下区域能够产生动态经济收益的原因包括:经济政策的区域协调降低成本,增强区域吸引力;投资组合的多样化提升了投资稳定性和价值;扩大的区域市场推动企业竞争力的增强和在全球市场份额的提升;区域监管和透明度的改进减少了市场缺陷及信息不对称的产生;要素流动性的增加提高了资源使用效率及要素生产率。[1] 米斯特里主要从经济方面对经济一体化的动因进行概括;张海霞和孙旭从政治层面认为新区域主义与第三次经济区域化浪潮密不可分,随着大国和小国签订贸易协定,且小国对大国做出了更大的让步,新区域主义逐渐出现在国际关系视野之中。[2]

从特征层面看,保罗·鲍尔斯等人认为,新区域主义要基

---

[1] Fredrik Söderbaum and Timothy M. Shaw eds., "Theories of New Regionalism: A Palgrave Reader", Palgrave Macmillan, 2003, p. 122.

[2] 张海霞、孙旭:《"新区域主义下"区域贸易安排研究的新进展》,《云南财经大学学报》2009年第2期,第17—22页。

于这样的前提,即南北国家在加强经济一体化和提高开放水平过程中,双方存在共同的优势;同时也包含这样一种假设,即自由贸易能在普遍上带来正向收益。① 其指出,新区域主义是区域主义和新自由发展战略的结合体,并据此定义提出了新区域主义的四个特征:基于外国直接投资的增长并以新自由主义意识形态为基础;结构松散;由企业支持;南北差异缩小。② 在新区域主义发展下,区域经济能够更好地融入全球经济,同时区域化进程中的南北国家差异客观上也在减小。除此以外,区域化的结构相较于过去的传统形式更加松散,它更强调的是区域化的发展进程。正如鲍尔斯等人所言,相较于欧盟而言,南方共同市场没有关于原产地规则的定义,没有解决冲突的机制,也没有关于外国投资的章节;东盟决议方式的松散性或模糊性都体现了所谓"东盟方式"的运作,这一运作的突出特征即仪式性的缺乏。③

从结果层面看,殷敏认为,新区域主义能够同多边结构和经济全球化有更好的兼容。在新区域主义下,任何国家愿意接受该协议的条件都是值得欢迎的,因此发达国家和新兴市场国家之间的贸易会进一步增多。④

---

① Shaun Breslin, Christopher W. Hughes and Nicola Phillips eds., "New Regionalisms in the Global Political Economy", Routledge, 2002, p. 98.
② Shaun Breslin, Christopher W. Hughes and Nicola Phillips eds., "New Regionalisms in the Global Political Economy", Routledge, 2002, pp. 81 – 88.
③ Shaun Breslin, Christopher W. Hughes and Nicola Phillips eds., "New Regionalisms in the Global Political Economy", Routledge, 2002, pp. 81 – 88.
④ 殷敏:《新区域主义时代下美式自由贸易协定的战略选择——兼论对中国的启示》,《苏州大学学报(哲学社会科学版)》2013年第3期,第96—97页。

综合上述，从新区域主义理论视角对区域经济合作问题的探讨可知，在经济领域以新区域主义理论来探讨区域经济合作的成果较多，角度也较为多样。但同时，大部分文献仍然以宏观视角去分析全球新区域主义在经济领域的发展，对于特定区域，尤其是对于东南亚地区的研究相对较少。

二、东南亚经济合作中的新区域主义特征

东南亚地区包含柬埔寨、文莱、印度尼西亚、老挝、马来西亚、缅甸、菲律宾、新加坡、泰国、越南和东帝汶11个国家。1967年，印度尼西亚、马来西亚、菲律宾、新加坡和泰国建立了最初的东盟，早期东盟扮演的主要是政治军事合作组织的角色。20世纪80年代以来，文莱、越南、老挝、缅甸、柬埔寨先后加入东盟，形成现如今的东盟十国，而东盟也发展为一个涉及政治、安全、经济、文化等多个领域的区域一体化组织。在经济合作方面，东南亚地区的区域一体化是一个由被动转为主动、由次区域和区域向跨区域拓展的不断发展的过程。从新区域主义理论的视角来看，东南亚经济合作主要涵盖了两个特征：一是从1967年至今东南亚经济合作的"区域性"发展，二是东南亚地区在经济合作中逐步体现的全球视野。

（一）东南亚经济合作的"区域性"

东南亚地区从1967年至今，从一个独立不久的、被动接受国际经济体系的地区发展为在世界具有愈发重要影响的、愿意主动发挥其全球作用的地区，本质体现的是东南亚地区区域性

的增加。在独立之后，东南亚各国的新兴政府和反对派力量都努力解决关于如何推进地区后期经济发展的问题；由于受到强权或原殖民者干涉，这一进程往往是一个残忍的挣扎过程。① 同时，东南亚各国也因为各种主权归属争端等矛盾导致关系并不融洽。因此，在20世纪70年代中期以前，东南亚地区的经济发展在很大程度上处于相当被动的状态，东盟成立后的经济合作功能也极其有限。

到20世纪70年代后期，一系列国际经济动荡和变化再次冲击东南亚地区，使得东南亚地区被动陷入了全球资本主义危机之中。但由于发达国家的投资，东南亚得以被拯救出来，从日本、欧美国家源源不断获得投资的东南亚最终在20世纪80年代实现了"经济奇迹"。从20世纪70年代后期开始，东盟五国政府首脑签署了《东南亚友好合作条约》和《东南亚国家联盟协调一致宣言》，并第一次指出了东盟市场经济合作的方向。以此为标志，东盟打破徘徊局面，进入了一个新的发展时期。② 在这一时期，东南亚对外依然是处于被动角色，无论是被动遭到危机或是被动得到机遇；但东盟内部却逐步开始从被动走向主动，建立起了最初的经济合作。

20世纪90年代初，东盟领导人签署了《1992年新加坡宣言》《东盟加强经济合作框架协定》和《共同有效优惠关税协

---

① Toby Carroll, Shahar Hameiri and Lee Jones eds., "The Political Economy of Southeast Asia: Politics and Uneven Development under Hyperglobalisation", Palgrave Macmillan, 2020, p. 42.

② 覃主元等：《战后东南亚经济史（1945—2005）》，民族出版社2007年版，第19—20页。

定》，这些宣言和协定进一步加强了东盟的经济一体化程度，《共同有效优惠关税协定》更是最先开展了东盟成员国之间的关税减免，从而为后来东盟自贸区的建立奠定了基础。在 20 世纪 90 年代后期，亚洲金融危机爆发，危机最后演变为一场"压倒性的金融浩劫"，一方面是因为亚洲国家在卷入危机时相对疲弱的国家能力，另一方面则是因为美国等国家作为相对强的外部势力直接或间接采取了行动。[1] 为尽快从危机中恢复，东盟加快自贸区建设进程，包括在信息通信业、工业、服务业等领域也相继开展合作，随后在 21 世纪初，东盟自贸区形成。在这一阶段，东盟的主动性极大增强，合作程度不断加深，并能够根据客观环境进行自我调整以维护本地区利益。

从 2007 年开始，东盟宣布采取"东盟经济共同体蓝图"，以一个整体开展对东盟外部国家的经济合作，从而将区域合作从东盟十国内部扩展到亚太地区。2015 年东盟共同体成立，东盟机制化建设极大增强，合作程度纵深发展。2020 年 RCEP 签署，全球最大规模的伙伴关系协定诞生，东盟在其中同样扮演了至关重要的纽带角色。在这一阶段，东盟愈发掌握本地区的发展主导权，从而能够主动发展、主动提升这种合作。这种区域性的增加也促使东盟在亚太地区的合作问题和全球经济治理问题上拥有更大的话语权。

---

[1] Mark Beeson, Hyuk-Rae Kim and Kanishka Jayasuriya, "Politics and Markets in the Wake of the Asian Crisis (Asian Capitalisms)", Routledge, 2000, p. 54.

（二）东南亚经济合作中的全球视野

东南亚经济合作的全球视野主要体现在两个方面：一是强调南北平等对话和批判西方中心主义；二是以多线程形式开展区域合作并推动其全球发展。

一个更加对称或水平化的世界秩序必然意味着西方角色的减少。[1] 西方霸权在全球经济发展中的根深蒂固使得非西方国家很难切实参与到全球经济治理的进程中。东南亚经济合作对于西方中心主义的批判是从一而终的，表现在经济上主要为抵御风险和缩小差距两方面。

早期，东南亚国家以联合的形式有效避免了受西方国家和国际金融体系影响带来的经济波动。20世纪90年代后期，国际银行向东南亚地区国内中介机构提供资金，导致这些东南亚国家外债积累过多；在亚洲国家货币与美元挂钩的情况下，美元相对日元和欧元的贬值恶化了大部分亚洲国家的成本竞争力，一系列金融累积效应和实际失衡的结果促使了亚洲金融危机的爆发。[2] 这种极大的被动性，无论在客观经济发展上还是主观心理反思层面都给东南亚国家领导人敲响警钟。亚洲金融危机后，东南亚国家立刻加速推进自贸区建设，1998年12月东盟首脑宣

---

[1] Fredrik Söderbaum and Björn Hettne, "Towards Global Social Theory", Journal of International Relations and Development, Vol. 2, No. 4, 1999, p. 364.

[2] Giancarlo Corsettia, Paolo Pesentib and Nouriel Roubinic, "What Caused the Asian Currency and Financial Crisis?", Japan and the World Economy, Vol. 11, No. 3, 1999, pp. 308 – 309.

布了推动东盟自贸区建设的《河内行动计划》，通过加强内部经济联合的方式减少对于西方主导下的世界市场和经济秩序的依赖。

相比于早期以抵御风险为主要目的推进的东盟自贸区，如今的东盟经济合作更强调以区域作为单位来减小南北的结构性差距，从而更好地参与到全球对话，并改善与西方国家对话中的不平等现象。东盟区域内部的贸易率从理论上看并不低，有学者指出，东盟自贸区的内部贸易强度指数远远超过了亚太经合组织、欧盟和北美自由贸易协定。① 而在东盟经济共同体建立后，东盟的目标更加明确，即通过吸引外国资本和与区域外国家签署自贸协定的方式积极参与全球供应价值链。②

除了对于西方中心主义的批判外，在工作模式上，东盟强调多线程合作形式的发展。在计算机运算里，多线程指的是一种多任务进行且互不打扰的工作方式。用于区域合作中，多线程即一个区域参与多种层次的区域合作且因此提升合作效率的形式。有学者指出，新区域主义具有多元区域主义的特征，即一个区域的国家隶属于不同的区域集团和组织。③ 世界上参与了不同区域合作组织的国家远不止东南亚地区的国家，但东南亚国家的区域合作存在潜在的循序渐进逻辑，既包含宏观区域合作，也包括微观区域合作，从而构成一个庞大的区域经济一体

---

① Koichi Ishikawa, "The ASEAN Economic Community and ASEAN Economic Integration", Journal of Contemporary East Asia Studies, Vol. 10, No. 1, 2021, p. 35.

② Koichi Ishikawa, "The ASEAN Economic Community and ASEAN Economic Integration", Journal of Contemporary East Asia Studies, Vol. 10, No. 1, 2021, p. 38.

③ Paul Bowles, "ASEAN, AFTA and the 'New Regionalism'", Pacific Affairs, Vol. 70, No. 2, 1997, p. 226.

化网络。

在微观层面，东南亚地区有湄公河次区域经济合作和三个"增长三角"经济合作。① 湄公河次区域经济合作从20世纪50年代正式开始，1957年泰、老、越、柬四国成立湄公河委员会，1970年制订指示性流域计划来扩大灌溉、航运、水电和防洪基础设施建设②，随后建立了湄公河上游中、缅、老、泰四国"黄金四角"经济合作区，中、老、缅、泰、柬、越六国次区域经济合作区等湄公河次区域经济合作协定或组织。"增长三角"经济合作则包括南部三角区、"北三角"经济合作区、东部三角区。在中观层面，东盟建立后成为东南亚地区经济合作开展和深化的主要平台，在东盟建立的基础上，次区域合作、区域合作和跨区域合作被连接起来。如1992年东盟首脑会议提出的"北三角"经济合作区、1995年东盟首脑会议提出的东盟湄公河流域开发工作等，都是在东盟的平台上提出并开展的。在宏观层面，东盟与亚太地区其他主要五个国家的"10+1"合作以及将区域合作的规模扩大到了亚太一体化，并主张亚太地区作为整体开展与其他国家和地区的贸易投资合作。东南亚地区的次区域、区域和跨区域经济合作由此构成了一条完整的区域合作进程，它们彼此包含、相互作用，因而推动东南亚各国相互之间以及对外经济共同发展。

---

① 覃主元等：《战后东南亚经济史（1945—2005）》，民族出版社2007年版，第36页。

② Mekong River Commission, "Basin Planning", https://www.mrcmekong.org/our-work/functions/basin-planning.

三、东南亚区域经济一体化的路径选择

由于东盟各国在历史文化和发展水平上都存在巨大的差异性,东南亚国家推动本地区经济一体化不可能一蹴而就,必须考虑到各种现实因素的影响。在此情况下,为促进东南亚地区的经济一体化,东盟十国从身份建构、机制化建设、市场完善和全球拓展四个层面构建其经济合作路径,从而完成了身份和机制的双重建构,促成了经济合作在深度和广度的双向拓展。

(一)东南亚经济合作中的身份建构

一种身份认同和区域共识的建构始终贯穿在东盟的经济一体化进程之中。区域化的进程会产生相互依赖,加深对于共同利益和共同身份的认知,也加深了区域本身的自我意识。[1] 东盟在其自身的经济一体化建设过程中即强调共识的建设和构筑。在东南亚经济合作和区域化形成的过程中,人们常用"东盟模式"来形容这一一体化过程。"开放的地区主义""合作安全""软地区主义"和"协商一致",它们被不同学者称作"亚太模式""亚洲模式"或"东盟模式"。[2] 不同于欧盟,东盟各国在

---

[1] John Baylis, Steve Smith and Patricia Owens, "The Globalization of World Politics: An Introduction to International Relations", Oxford University Press, 2019, p.366.

[2] 王正毅、[美]迈尔斯·卡勒、[日]高木诚一郎主编:《亚洲区域合作的政治经济分析——制度建设、安全合作与经济增长》,上海人民出版社 2007 年版,第 129 页。

政治、安全、经济、文化、种族、宗教等方面存在较大的差异性，这一差异性使得东盟很难在一开始就建立一个高度一体化的区域组织。因此早期的东盟模式中最为核心的原则为协商一致原则，即决策方式为协商。在建构协商一致的过程中，一个重要方面就是协商的心理定位，即这种建构协商一致必定是非敌视性的。[1] 这种方式可以缓解东盟内部巨大的差异性，从而使得东盟这一"容器"能够容纳十个差异巨大的国家。但这种协商一致的方式往往是被动的，是在问题发现后进行探讨而非在问题出现以前进行明文规定；同时，这种方式对于问题的解决也是缓慢的，一旦出现反对方案，为了保证这个协商的过程有效，问题往往会被忽略甚至搁置。因此到了后期，东盟在有了一定的合作基础后，对合作机制进行了调整以弥补这一不足。但不可否认的是，在早期东盟发展进程中，正是因为有协商一致的方式作为一个过渡期，东南亚各国逐步适应了在经济领域的合作且有意愿加大合作步伐。

到了后期，东盟共同体建设时，这种区域认同进一步被强调。东盟前秘书长鲁道夫·塞韦里诺认为，站在基本的前提和长远的角度来看，如果有人将社会文化共同体视为发展东南亚认同感、建立区域意识和促进东盟人民相互理解的工具，那么东盟共同体的核心是社会文化共同体。[2] 而东盟社会文化共同体

---

[1] [加] 阿米塔夫·阿查亚著，王正毅、冯怀信译：《建构安全共同体：东盟与地区秩序》，上海人民出版社2004年版，第95页。

[2] Rodolfo Severino, "Southeast Asia in Search of an ASEAN Community", Institute of Southeast Asian Studies, 1991, p. 368.

与东盟在经济、安全方面的共同体支柱密不可分。① 这种身份认同达成的结果是东南亚各国将自己在全球经济参与中的定位很大一部分置于东盟经济共同体的架构之下,部分摒弃了传统的国家中心主义思维。对内,东盟逐步加强共同市场的构建,将合作延展至知识产权、消费者、电子商务等更多经济领域;对外,在开展对外经济沟通时,东盟作为统一身份开展对外合作,这也是为什么东盟领导下的"东盟+1"项目以及 RCEP 能够最终达成。

(二) 东盟合作机制的强化

东盟反复强调自身是一种"非正式的、松散的安排",从《曼谷宣言》签署开始,东盟就不存在任何既定的组织和决策框架。这种松散性和灵活性的目的主要有两个,一个是表明东盟国家摆脱对外部国家依赖的决心,另一个则是希望解决相互之间由于历史原因遗留下来的领土争端以及民族争端。② 东南亚各国不希望由于东盟的建立,从而将区域的主导权交付给任何一个经济或政治大国,更不希望这一主导权最终又直接或间接地成为欧美国家操纵和控制东南亚地区的方式。但同时,东南亚各国由于历史原因存在一些争端,各国希望通过东盟这一平台

---

① M. C. Abad, "Constructing the Social ASEAN, Association of Southeast Asian Nations", Jun. 4, 2007, https://asean.org/?static_post=constructing-the-social-asean-by-mc-abad-jr.

② 王正毅:《边缘地带发展论:世界体系与东南亚的发展》(第 2 版),上海人民出版社 2018 年版,第 241 页。

给予各国之间沟通的空间和渠道，同时避免强制性决策的出现，以协商的形式推动各国矛盾的缓解。

但一个松散的机构在后来面对经济危机时暴露出其弊端，松散的组织形式和决策程序使得东盟在经济合作中效率低下。因此，东盟开始逐步加强自身的机制化建设。在早期，东盟设置了最基本和核心的机构如东盟外长会议和东盟秘书处，但东盟秘书处的功能一直十分有限。直到1992年，第四次东盟首脑会议在新加坡举行，这次会议促使东盟六国首脑签署了《1992年新加坡宣言》和《东盟加强经济合作框架协定》，东盟秘书处的作用由此凸显。随后，东盟逐步完善机构设置，设立起东盟基金会、常务委员会等。2007年，第13届东盟峰会在新加坡召开，会议发布了《东盟宪章》，建立了东盟协调委员会、常驻代表委员会、政府间人权委员会、共同体理事会以及东盟部门部长级机构等，促进东盟内部合作以及对外沟通方面的各项工作开展，该宪章于2008年底生效。

表3 东盟主要机构

时间（年）	机构设置	机构职能
1967	东盟外长会议	负责制定政策方针和协调东盟活动
1967	东盟国家秘书处	代表本国开展在东盟的工作，并为外交部长年会或特别会议、常设委员会和今后可能设立的其他委员会提供服务
1976	东盟秘书处：东盟自贸区司；经济合作司；职能合作司；东盟合作与对话事务司	具有发起、建议、协调和执行东盟活动的扩展功能和职责；强化东盟内部合作

续表

时间（年）	机构设置	机构职能
1976	东盟峰会（第一届）	东盟政府首脑会议
1981	东盟外长扩大会议	促进建立"对话伙伴"关系
1987	联合部门会议	促进关于东盟活动的跨部门协调和磋商
1987	东盟联合协商会议	由东盟秘书长、东盟高层官员会议、高级经贸官员会议和东盟国家总干事组成；促进东盟活动的部门间协调
1992	东盟秘书处秘书长职能扩大	对政府首脑会议、东盟外长会议和东盟常务委员会负责
1997	东盟基金会	通过艺术文化、社区建设、教育和媒体等主题领域的各种项目为东盟共同体建设作出贡献
1998	东盟常务委员会	负责审查各委员会的工作，以落实常设委员会制定的政策指导方针
2008	东盟协调委员会	筹备东盟首脑会议；协调首脑会议、理事会等；审议各类报告
2009	东盟常驻代表委员会	监督和执行领导决策；协调跨领域事宜；强化与东盟外部伙伴关系；向秘书处提供支持
2009	东盟政府间人权委员会	加强区域人权合作
2009	东盟共同体理事会	由东盟政治安全共同体委员会、经济共同体委员会和社会文化共同体委员会组成
2015	东盟部门部长级机构	包括东盟政治安全共同体、经济共同体和社会义化共同体

资料来源：Parliament of Australia, "Completed Inquiry· Australia and ASEAN: Managing Change", Mar. 1, 2001, https://www.aph.gov.au/Parliamentary_Business/Committees/House_of_Representatives_Committees? url = jfadt/asean/reportinx.htm; Association of Southeast Asian Nations, "The ASEAN Charter", Nov. 20, 2007, https://asean.org/storage/November - 2020 - The - ASEAN - Charter - 28th - Reprint.pdf; 东盟官网, https://asean.org/。

◇ 国际关系若干问题研究

在经济合作上,机构设置经历了一系列的调整和完善。东盟于 1975 年召开了首次东盟经济部长会议来领导经济工作的进行,随后开设了五个经济委员会在贸易和旅游业、工业矿业和能源业、金融银行业、农业和林业以及交通通信业开展工作。1992 年第四届东盟峰会召开后,这五个经济委员会被解散,其职能被东盟经济部长会议指导下的高级经济官员会议取代。[①] 在东盟自贸区建设的计划提出后,东盟建立了专门的东盟自贸区理事会来负责相关工作,随后为了促进次区域经济合作,又建立了与东盟湄公河流域开发合作相关的机构指导工作进行。除此以外,东盟在投资、金融银行、能源、农林等不同行业也都分领域建立机构,以细化经济工作。2015 年东盟经济共同体成立后,东盟成立东盟财政部长和央行行长会议及副级会议促进东盟经济共同体的发展,并通过次平台开展东盟与中日韩财长和央行行长会议等加强与东盟外伙伴国家的经济对话沟通。

表4 东盟主要经济机构

时间(年)	机构设置	机构职能
1977	东盟经济部长会议 东盟经济一体化高级工作组; 高级经济官员会议;东盟共同体统计系统委员会	指导东盟的经济合作
1980	东盟科学、技术和创新部长级会议及委员会	促进东盟科技创新合作

[①] Chin Kin Wah, "ASEAN: Consolidation and Institutional Change", The Pacific Review, Vol. 8, No. 3, 1995, p. 433.

续表

时间（年）	机构设置	机构职能
1987	高级经济官员会议	五个经济委员会解散后（1992年）由该部门负责处理东盟经济合作的所有方面
1992	成立东盟自贸区理事会	促成东盟经济合作如免税减税等
1996	东盟交通部长级会议及高级官员会议	促进东盟交通发展
1996	东盟湄公河流域开发合作及指导委员会、高级财务委员会	促进湄公河次区域开发合作
1997	东盟财长会议及代表会议、东盟海关总干事会议	促进东盟金融合作
1997	东盟中央银行行长会议及副级会议、东盟金融一体化高级委员会	促进东盟金融合作
1997	东盟农业和林业部长级会议及高级官员会议、东盟主管森林事务的高级官员	促进东盟粮食、林业合作
1997	东盟旅游业部长级会议、东盟国家旅游组织会议	促进东盟旅游业发展
1998	成立东盟投资区理事会	负责监管、协调和审查投资协定的执行和帮助东盟经济部长会议处理相关事宜
1999	东盟能源中心	确保能源政策和方案与该区域的经济增长和环境可持续性相协调，从而加速东盟内部能源战略的一体化
2001	东盟数字部长级会议及高级官员会议、东盟电子通信监管委员会	促进东盟数字经济发展
2003	东盟能源部长级会议及高级官员会议	促进东盟能源合作

续表

时间（年）	机构设置	机构职能
2005	东盟矿物部长级会议及高级官员会议	促进东盟矿物合作
2015	东盟财政部长和央行行长会议及副级会议	致力于实现东盟经济共同体的目标，并支持东盟货币和金融一体化

资料来源：Association of Southeast Asian Nations, "The ASEAN Charter", Nov. 20, 2007, https://asean.org/storage/November-2020-The-ASEAN-Charter-28th-Reprint.pdf；东盟官网，https://asean.org/。

综合东盟的机构建设历程来看，东盟的机制化建设从最初的松散和不稳定发展成为如今紧密和完善的东盟机构建设，这一变化是其不断通过实践去完善的过程。随着东盟整体机制化建设和经济机构建设增强，东盟内部的紧密程度不断深化，与外部国家地区的经济合作也拥有了更好的平台。

（三）东南亚市场的开放与完善

东南亚市场的开放与完善体现了新区域主义的包容性和开放性。2002年1月1日，东盟自由贸易区正式启动，自此开启了推进东盟经济高速发展的进程。2007年11月，东盟宣布采取"东盟经济共同体蓝图"，该蓝图对2008—2015年的东盟经济发展进行了规划，提出未来八年的东盟经济体将要发展的四大特点。在"加强参与全球供应网络"方面，东盟主张采取两大措施：一是根据东盟内部一体化承诺审查自贸区或全面经济伙伴关系协定承诺；二是建立加强协调系统，在东盟的对外经济关系以及区域和多边论坛中采取共同立场。① 东盟经济共同体在市场的开放程度上进一步提升。东盟在东南亚地区的经济发展规划中,从发展单一市场与生产地到建立高竞争力的经济区、促进公平的经济发展和参与全球供应网络,不断提升东南亚市场的开放程度。同时,在单一市场的发展上,除了传统的贸易及投资领域,也纳入了部门整合、粮食及农林发展的相关规划。

表5 "东盟经济共同体蓝图"设想主要特点

发展单一市场与生产地	建立高竞争力经济区	促进公平的经济发展	加强参与全球供应网络
货物自由流动	竞争政策	中小企业发展	
服务自由流动	消费者保护	东盟一体化倡议	
投资自由流动	知识产权		
资本自由流动	基础设施发展		
熟练劳动力自由流动	税收		
优先整合部门	电子商务		
粮食和农林			

资料来源:Association of Southeast Asian Nations, "ASEAN Economic Community Blueprint", Jakarta:ASEAN Secretariat, Jan., 2008, https://asean.org/wp-content/uploads/archive/5187-10.pdf。

除了市场开放程度的提升外,东盟对于东南亚市场的监管也日益严格。"有效的、高效的、一致的和响应性的法规以及良好的监管实践"被视为实现"一个有竞争力、创新和充满活力

---

① Association of Southeast Asian Nations, "ASEAN Economic Community Blueprint", ASEAN Secretariat, 2008, p.25.

的东盟"的关键。① 与东盟自由贸易区相比,2007年《东盟经济共同体蓝图》(简称《蓝图》)的制定标志着东盟地区经济合作进入全面发展阶段,其中重要的是地区经济协定和法律的完善。② 在经济协定上,《蓝图》提出以前,东盟主要依靠《共同有效优惠关税协定》来进行关税减免;《蓝图》提出以后,经济协定从贸易拓展到投资、服务等更多领域,东盟建立了《东盟商品贸易协定》《东盟综合投资协定》《东盟服务业框架协定》《东盟矿业合作行动计划》等涵盖多个经济领域的协定。除此以外,为促进东南亚市场秩序完善和规章制度健全,东盟标准与质量协商委员会制定了《东盟良好法规规范指南》(简称《指南》),并于2009年首次通过。2019年,《指南》再次得到更新。《指南》将规章制度分为七个方面:确定政府干预的潜在需要、评估备选方案、筹备技术法规、通知法规的发布、提供法规咨询、执行技术法规、审查技术法规。③ 通过技术法规的制定指南说明,一方面,东盟确保了内部在贸易过程中各国利益能够得到确切维护,市场秩序稳定公正发展;另一方面,这些技术法规也可以减少不必要的技术壁垒对于各方贸易的阻碍。

---

① Association of Southeast Asian Nations, "ASEAN Guidelines on Good Regulatory Practices", ASEAN Secretariat, 2019, p. 1.
② 周玉渊:《从东盟自由贸易区到东盟经济共同体:东盟经济一体化再认识》,《当代亚太》2015年第3期,第100页。
③ Association of Southeast Asian Nations, "ASEAN Guidelines on Good Regulatory Practices", ASEAN Secretariat, 2019, pp. 4–14.

(四) 东南亚经济合作的区域与全球拓展

东南亚经济合作的成效不仅体现在东南亚国家内部经济发展上，也体现在东南亚国家作为整体同其他国家的合作上，彰显的是区域视野与全球视野的融合。

《蓝图》签署后，东盟加快展开"东盟+1"合作，于2009年完成了"东盟+1"项目，并在2012年得到了东盟成员国的批准。这一发展不仅极大推动了东盟的统一市场、统一原产地形成，使得东盟对外统一立场得以实现，同时，通过这一系列"东盟+1"自由贸易（投资）协定的签署，东盟逐步成为在亚太地区合作的纽带和中心。

表6 "东盟+1"协定签署情况表

合作对象	中国	韩国	日本	澳大利亚与新西兰	印度
签署时间	2002	2006	2008	2009	2009
合作内容	货物贸易 服务贸易	货物贸易	货物贸易	货物贸易 服务贸易 投资	货物贸易

资料来源：Yoshifumi Fukunaga and IkumoIsono, "Taking ASEAN+1 FTAs Towards the RCEP: A Mapping Study", ERIA Discussion Paper Series, 2013, p.4。

随着"东盟+1"项目的开展，各国与东盟的合作都取得了一定成果。在投资领域，日本和中国对东盟的投资相较于东盟自贸区成立前有显著提升，虽然近几年东盟直接引入投资有所下滑，但整体水平依然高于自贸区成立之前。在贸易领域，与东盟建立"东盟＋1"合作的六国在2003—2020年与东盟十国的年贸易额整体呈现上升趋势。其中，最早与东盟开启"东盟＋1"项目并启动中国—东盟自贸区建设的中国与东盟的货物贸易额涨幅最为显著。从2009年开始，中国—东盟贸易总额稳居"东盟＋1"项目的第一且与其他国家差距逐步呈现拉大趋势。除了中国以外，其他国家与东盟的贸易合作也均有一定的发展，尤其是日韩两国。日本—东盟贸易总额从2003年的约1100亿美元增长到2020年的约2000亿美元；韩国—东盟贸易总额则从2003年的350亿美元增长至今，达到约1500亿美元。从商品类别来说，东盟与亚太地区国家贸易额最大的商品种类没有发生变化，集中在电机电气和图像声音设备、机器、机械器具和燃料等领域。从国家来看，无论是2003年还是2020年，单一货物贸易额前五位由中日韩三国包揽；但具体观察排序能够得知，在与东盟进行单一货物贸易领域，日本从2003年占据单一商品贸易额第一、第二、第五位变为2020年只占据了单一商品贸易额第四位；韩国由与东盟单一商品贸易额第四位上升为第二位；中国则从2003年的第三位变为2020年"前五占三"，囊括第一、第三、第五位的单一商品贸易额。由此看来，"东盟＋1"项目促进了亚太地区的六个国家同东盟的货物贸易往来，其中东盟与中日韩三国的货物贸易成果更为显著；在中日韩三国中，东盟又同中国建立了发展最快、金额最大的贸易往来。

第一部分 国际经济合作

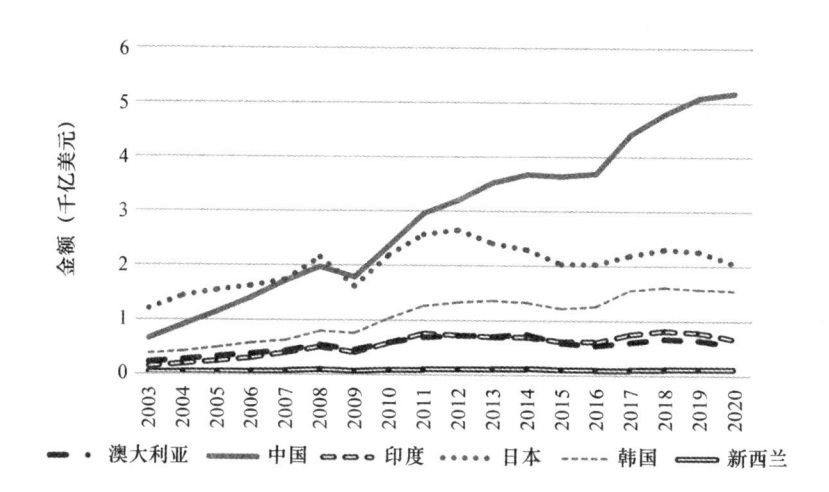

图6 2003—2020年"东盟+1"六国与东盟货物贸易额折线图

资料来源：东盟官网，https：//data.aseanstats.org/。

表7 2003年和2020年"东盟+1"贸易额前五位商品及来源国

2003年		2020年	
国家	商品编码及内容	国家	商品编码及内容
日本	[85] 电机、电气设备及其零件；录音机及放声机，电视图像、声音的录制和重放设备及其零件、附件	中国	[85] 电机、电气设备及其零件；录音机及放声机，电视图像、声音的录制和重放设备及其零件、附件
日本	[84] 核反应堆、锅炉、机器、机械器具及其零件	韩国	[85] 电机、电气设备及其零件；录音机及放声机，电视图像、声音的录制和重放设备及其零件、附件

续表

2003 年		2020 年	
国家	商品编码及内容	国家	商品编码及内容
中国	[85] 电机、电气设备及其零件；录音机及放声机，电视图像、声音的录制和重放设备及其零件、附件	中国	[84] 核反应堆、锅炉、机器、机械器具及其零件
韩国	[85] 电机、电气设备及其零件；录音机及放声机，电视图像、声音的录制和重放设备及其零件、附件	日本	[85] 电机、电气设备及其零件；录音机及放声机，电视图像、声音的录制和重放设备及其零件、附件
日本	[27] 矿物燃料、矿物油及其蒸馏产品；沥青物质；矿物蜡	中国	[27] 矿物燃料、矿物油及其蒸馏产品；沥青物质；矿物蜡

资料来源：东盟官网，https://data.aseanstats.org/。

东盟的野心不仅如此，其区域化发展进程也不止于此。东盟经济共同体下"东盟+1"的顺利实施为亚太地区经济一体化奠定了基础。2011 年 11 月 17 日，第 19 届东盟首脑会议上东盟做出了关于在货物贸易、服务贸易和投资领域建立三个工作组的决定，东盟领导层也就建立 RCEP 达成了一致。[①] 2012 年 11 月 20 日，在东亚领导人系列会议期间，东盟、中国、日本、韩国、印度、澳大利亚和新西兰领导人共同发布《启动〈区域全

---

① Y. Zhang, F. Kimura and S. Oum eds., "Moving Toward a New Development Model for East Asia – The Role of Domestic Policy and Regional Cooperation", ERIA, 2012, p. 315.

面经济伙伴关系协定〉谈判的联合声明》，至此正式启动这一自贸区谈判。从2013年5月9日开始，RCEP共进行了二十七轮谈判、开展了八次部长级会议、举办了四次领导人会议。在2020年11月15日召开的第四次RCEP领导人会议上，东盟十国、中国、日本、澳大利亚、韩国和新西兰正式签署RCEP。

从其可能产生的经济效应来看，RCEP侧重于逐步取消90%以上的货物的关税，[1] 这将促进东亚国家的生产专业化和资源合理利用；同时，强调简化海关手续，协调原产地规则，几乎在整个亚洲仅需签署一份原产地证书，将有助于区域价值链的发展，从而促进制造业区域贸易一体化。[2] RCEP不仅使得东盟从推动内部经济合作向促进区域与跨区域合作发展，更有可能促进全球经济增长和东南亚国家在全球经济发展中的话语权提升。对东南亚国家而言，RCEP加强了东南亚国家的相互依存关系，将会使成员之间的贸易额增加4280亿美元；对世界而言，RCEP将在2030年为全球国民收入增加1860亿美元。[3]

---

[1] Elvire Fabry, "RCEP: The Geopolitical Impact From A New Wave of Economic Integration", Dec. 2, 2020, https://institutdelors.eu/en/publications/rcep-the-geopolitical-impact-from-a-new-wave-of-economic-integration.

[2] Elvire Fabry, "RCEP: The Geopolitical Impact From A New Wave of Economic Integration", Dec. 2, 2020, https://institutdelors.eu/en/publications/rcep-the-geopolitical-impact-from-a-new-wave-of-economic-integration.

[3] Peter A. Petri and Michael G. Plummer, "East Asia Decouples From the United States: Trade War, COVID-19, and East Asia's New Trade Blocs", Jun., 2020, https://www.piie.com/publications/working-papers/east-asia-decouples-united-states-trade-war-covid-19-and-east-asias-new.

结　论

新区域主义具有几个核心特征：综合性、区域间性、开放性、主体化和趋同化。[①] 以东南亚地区的经济合作进行分析，东南亚地区的合作囊括了这五个特征。首先，从内容看，自从 2015 年东盟共同体建立后，东盟地区的区域化就是综合性合作；从区域看，从湄公河次区域合作到东盟自贸区的建设，再到"东盟+1"形式的拓展，直到 RCEP 签署，亚太地区作为整体逐步朝着与其他区域经济合作的方向前进，东盟的经济议题呈现区域间性的特征。其次，内容上，东盟的《指南》与世界贸易组织的非贸易壁垒相关要求一致，且也依该规范与 OECD 开展合作，体现了充分的开放性；范围上，东盟从区域向跨区域拓展，在这个过程中东南亚地区始终以"东盟"的整体角色参与全球经济治理，体现了其主体化特征。最后，正如同东盟模式逐步辐射到整个亚太地区，如今又进一步向全球拓展，它客观上也推动更多发展中国家参考和借鉴这一方案来促进区域和跨区域的经济合作；而东盟本身也适应了从自贸区向经济共同体发展的轨道，体现了新区域主义逐步趋同的发展轨迹。可以说，东盟的整体发展都体现了新区域主义的特征，但经济领域的合作由于发展最早、最为成熟，因而最具有代表性和显著性。

纵观东盟在经济领域的区域一体化路径，东盟的经济合作

[①] 郑先武：《"新区域主义"的核心特征》，《国际观察》2007 年第 5 期，第 58—60 页。

并非是一个既定的结构,而是一个随着国家发展和区域合作加深而不断成长的过程。在这一过程中,东盟完成了身份认同、机构建设、市场完善和区域拓展四个维度的提升,如今东盟的全球经济参与角色仍然在不断增强。在这一层面上,东盟的区域经济一体化合作无疑为全球区域一体化发展和经济合作提供了可资借鉴的样本。

(本文原载于《区域与全球发展》[①] 2021 年第 6 期)

[①] 本文作者:关梓祎、张颖。

加强发展中国家团结合作的路径选择

党的二十大报告中提出,"中国坚持在和平共处五项原则基础上同各国发展友好合作,推动构建新型国际关系","秉持真实亲诚理念和正确义利观加强同发展中国家团结合作,维护发展中国家共同利益"。"构建新型国际关系"的提出是近年来中国特色大国外交理念的重大创新,作为构建新型国际关系的重要内容,加强与发展中国家的关系是推进南南合作和南北合作的重点,其目标是增强发展中国家的自主发展能力,提高发展中国家在国际体系内的代表性和发言权,更好地维护发展中国家正当权益。

一、倡导相互尊重的共同价值

面对发展之变、安全之变、治理之变,一些西方国家习惯恃强凌弱、零和博弈,肆意违反国际规则,破坏国际秩序,奉行双重标准。而众多发展中国家却因为缺乏维护自身安全的能力、缺少国际话语权被动挨打,遭遇"方向困境""价值困境"及"发展困境"。已有的大部分国际机制长期以来由美国为首的西方发达国家主导，尽管发展中国家具有投票权，但是一些国际制度的议程设置、决策决定权仍然由发达国家控制，国际机制在一定程度上成为其谋取自身利益的工具。作为最大的发展中国家，中国反对一切形式的单边主义、保护主义、霸权主义、强权政治、"例外"论以及"双重标准"，反对搞针对特定国家的阵营化和排他性小圈子，强调"己所不欲，勿施于人"。在基于和平、发展、公平、正义、民主、自由的全人类共同价值基础上倡导人类命运共同体理念，为发展中国家的发展提供了相互尊重的共同价值。维护发展中国家利益、努力构建人类命运共同体包含以下四重内涵：一是强调尊重世界文明的多样性，国际社会的多极化是大趋势；二是倡导尊重各国人民自主选择发展道路和制度模式的权利；三是致力于推动国际关系民主化和法治化；四是推动全球治理体系朝着共商共建共享的方向发展。基于以上四点，人类命运共同体既是责任共同体，也是利益共同体，更是价值观共同体。构建人类命运共同体需要以维护广大发展中国家的利益为前提。首先，中国致力于提升新兴市场国家和发展中国家在全球事务，特别是在国际机构和全球治理体系变革过程中的代表性和发言权，让发展中国家对人类发展有更多的获得感。其次，推动同广大发展中国家构建双边及区域性共同体，通过一个又一个的同心圆，最终实现构建人类命运共同体的目标。如今，中国已与东盟建立全面战略伙伴关系，湄澜次区域合作加速发展，中亚成为中国周边首个战略伙伴集群，中国的周边命运共同体建设持续深入推进。再次，中国与发展中国家一起推动构建一系列领域性命运共同体，如核安全命运共同体、网络空间命运共同体等。最后，作为构建人类命运共同体理念的提出者，中国在和平共处五项原则基础上同包括广大发展中国家在内的世界各国发展友好合作，深化拓展平等、开放、合作的全球伙伴关系，深入参与联合国、二十国集团等多边和区域合作机制，在引领全人类共同价值方向贡献更多中国智慧。

二、增添合作共赢的全球动力

近十年来，世界开放指数不断下滑，全球开放共识不断弱化。全球产业链、供应链呈现本土化、区域化、短链化趋势，南北差距进一步拉大，部分发展中国家陷入发展困境。增强发展中国家自主发展的能力，推动发达国家承担更多责任，努力缩小南北差距，建立更加平等均衡的新型全球发展伙伴关系，这也是推动构建新型国际关系的重要目标。事实证明，发展中国家是全球化的最大受益者，贸易自由化、便利化是推动发展中国家发展的全球动力。正因为如此，中国反对"筑墙设垒""脱钩断链"，反对单边制裁、极限施压的"大棒"政策，主张维护发展中国家与世界各国的利益纽带，缩小南北差距，加快推动广大发展中国家的发展。中国是世界第二大经济体，也是最大的发展中国家。中国坚持真正的多边主义，有益于继续推动经济全球化进程，培育全球发展新动能，使更多的发展中国家受益。作为全球发展的贡献者，中国强调建设开放型世界经济，在推动贸易自由化、便利化的路径选择上，积极倡导高质量共建"一带一路"，这是中国对全球发展合作的资源投入，不仅可以惠及共建国家，也最大限度地惠及了广大发展中国家。

共建"一带一路"从资金、技术、标准、人才等方面扩展同广大发展中国家的有效合作，着力提升发展中国家的基础设施建设和经济发展水平。通过共建"一带一路"，中国积极开展与重要国际机制的对接，争取有利的发展议程以维护发展中国家的发展权益。比如，在全球层面，推动共建"一带一路"倡议与联合国"2030年可持续发展议程"的有效对接。截至2022年7月，中国已与149个国家和32个国际组织签署了共建"一带一路"的合作文件，为国际社会提供了高质量的全球公共产品。在地区层面，通过共建"一带一路"，高质量落实中非"八大行动"，推进"九项工程"；建立中阿全面合作、共同发展、面向未来的战略伙伴关系；推进中拉关系进入平等、互利、创新、开放、惠民的新时代。此外，中国积极加快构建面向全球的高标准自由贸易区网络，以此带动全球贸易自由化、便利化，促进发展中国家间的经贸合作；推进加入《全面与进步跨太平洋伙伴关系协定》，高质量实施RCEP，全面发挥自贸协定的制度性红利，扩大深化与贸易伙伴利益交汇，促进开放性世界经济建设，以此惠及发展中国家；强化多边机制，推动世界贸易组织、亚太经合组织等多边机制更好地发挥作用，扩大金砖国家、上海合作组织等合作机制的影响力，共同培育市场需求，通过贸易发展新动能，提升发展中国家发展的质量。

三、提供公平正义的公共安全产品

地区争端、恐怖主义、气候变化、网络安全、生物安全等全球性问题的叠加，致使发展中国家长期面临着传统和非传统安全的威胁。近年来，中国为世界提供了越来越多的公共安全产品，为全球治理和区域治理，以及发展中国家有效解决发展和安全的难题提供了更多的方案。作为联合国常任理事国，中国始终致力于通过联合国等多边机制回应广大发展中国家安全与发展的诉求。通过积极参与联合国维和行动，中国成为安理会常任理事国中派出维和人员最多的国家，也是联合国第二大维和摊款国。中国始终把自身置于人类发展大潮流、世界发展大格局中，在推动共同、综合、合作、可持续安全观的路径选择上，提出全球发展倡议、全球安全倡议、全球文明倡议，倡导发展中国家同直接当事国通过协商谈判解决领土主权和海洋权益争议，积极参与全球安全规则制定，强调各国都有平等参与国际和地区安全事务的权利，也有维护国际和地区安全的责任；积极落实联合国"2030年可持续发展议程"，积极开展对发展中国家的减贫、缓债、防灾减灾等国际合作，参与应对气候变化的全球治理，促进人与自然和谐共生；大力支持人道主义国际合作。"大道之行，天下为公。"站在历史的十字路口，中国与广大发展中国家在世界百年未有之大变局下积极探索人类社会走向发展的光明大道，推动国际社会共同努力构建相互尊重、公平正义、合作共赢的新型国际关系。

（本文原载于《中国社会科学报》2023年3月16日）

第二部分

区域与次区域合作

RCEP框架下国际科技创新合作的路径

在国际关系中,科学技术日益成为其中不可忽视的变量。近年来,以中国为代表的新兴经济体日益成为全球科技创新合作中的主体。2021年中共中央对国家科技工作提出"深入研究构建符合国情的科技创新路径"的要求,并以立法的形式强调建立国际科技合作机制的重要性。中国与欧盟签署《中欧科技协定》、与中东欧16国启动"中国—中东欧国家科技创新伙伴计划"、与其他金砖伙伴共同制订《金砖国家科技创新框架计划》以及与"一带一路"共建国家的科技合作,均是通过成熟的多边合作机制中的国家集群优势,以"1+N"的形式展开科技合作项目。事实证明,这一方式深受各方重视且高效。而2022年生效的RCEP则进一步为中国与其成员国的科技创新合作提供了新的平台和机遇。

一、国际科技创新合作的两面性与 RCEP框架下混合型科技合作

国际科技创新合作是一种跨国的、以获取科学技术和创新

知识为目的的合作,包括新知识的发现或已有知识的转移。这一概念同时包含科学研究合作、技术开发合作和创新合作三个不同的概念,在国际科技交流中,既可以三者独立进行,也可以两者或三者相结合。科技创新作为现代经济增长的核心环节、科技外交的主要内容以及全球治理的重要手段越来越得到国际社会的重视。其无国界性、复杂性及优势互补等特性也成为分析国家间科技交流的重要参考依据。

(一)科技交流的两面性:国家间的合作与遏制

科技创新是无国界的,科学发现和技术创新在很大程度上独立于国家的主观意志。然而,国家间的科技交流并不是单纯的学术研究,而是附带着政治属性。"技术是仆人,政治是主人",国家间的科技交流有强烈的两面性,既可以合作创造财富,也可以作为遏制的工具被国家用来寻求权力。所谓"科技交流中的遏制"即"一国利用领先的科技创新能力削弱、破坏和延缓竞争对手的科技创新能力提高及发展先进产业的能力",这在国家间存在"非对称技术优势"时体现得格外明显。美国国际政治经济学学者吉尔平认为,科技创新是大国维系主导地位的根本保障。守成国希望永久保持技术垄断,而当崛起国经济不断增长、技术进步越发明显时,为了维护其非对称技术优势,往往会选择对外限制技术扩散和打压竞争对手,对内大力支持独立研究的国家逻辑。

作为国际社会中科技创新的后发国家,一方面,中国因学习西方国家已有的科技成果和自主创新能力的提高而极大地加快了追赶的速度；另一方面，美国"脱钩"策略及对中国科技产业的制裁也给中国带来较大负面影响。为使国际合作收益最大化，有效规避被遏制的风险，中国不能单一地充当高科技水平国家的跟随者，而是要在国际科技创新合作中不断丰富自身的角色。

（二）混合型合作：RCEP成员国之间科技合作的客观要求

政府间科技创新合作通常有三种形式：垂直合作，即研发创新能力相差较大者之间的合作；水平合作，即研发创新能力接近者之间的合作，以能力互补的方式解决某些科技创新问题；混合型合作，即前两者的结合。国家经济规模是衡量一国科技创新能力的重要指标，同等条件下，经济总量更大的国家往往研发投入更多，技术成果产业化的规模更大。基于这一考量，RCEP中既有GDP总量差距悬殊的中国和东盟各国，也有总量相近的韩国、澳大利亚或东盟成员国，符合混合型合作的条件。根据《2021年全球创新指数报告》显示，RCEP成员国的创新能力既有排名前15的韩国、新加坡、中国和日本，也有位列全球后1/3的文莱、印度尼西亚等国，创新能力参差不齐，这从客观上提出了进行混合型合作的要求。

除了形式上的混合，科技全球化也推动了RCEP进行多主体的混合型合作，即国家间合作不再是单一的政府间合作，而是由中央政府、地方政府、企业、科研院所和高校等共同构建的全方位的合作体系和多层次的合作渠道。根据国家知识产权局数据显示，在《中国2020年专利申请的调查报告》中，有近

90.66%的专利权人来自企业，且78.3%的企业专利权人与上下游企业、同行企业或高校和科研单位开展过科技创新合作。在2020年通过世界知识产权组织《专利合作条约》（简称PCT）提交国际专利申请的企业中，以华为、三菱电机、三星为代表的中、日、韩企业占据了申请数世界前10企业中的8个席位。这表明企业依托市场已经成为科技创新的中坚力量。除了企业有较强的科技创新能力，在通过PCT提交国际专利申请数量最多的世界前50所教育机构中，中国高校有14所上榜，其所提交的申请量（1867件）占中国2020年在PCT中总申请量的（68720件）近3%，日本和韩国则分别有4所和5所高校上榜。这意味着高校以其特有的学术交流与合作优势，日益成为科技创新的重要主体。而要强化RCEP框架下的科技创新合作，需要不同形式和主体间的交互作用，即多形式、多主体的混合型合作。

二、在RCEP框架下国际科技创新合作中需处理好三组关系

科技交流的两面性和混合型合作的客观要求使中国需要更加全面地定位其在RCEP框架下国际科技创新合作中的角色。根据世界知识产权组织发布的全球创新指数排名，中国从2012年的第34位上升到2021年的第12位。中国既是国际前沿创新的重要参与者，也是共同解决全球性问题的重要贡献者。具体到RCEP框架下的国际科技创新合作，中国需要处理好以下三组关系。

一是处理好作为东盟主导RCEP体制内的参与者与作为特定

国际科技创新合作项目的引领者之间的关系。由东盟主导的 RCEP 体制以东盟利益为优先考量,且其运作方式有比较强烈的东盟色彩。"东盟方式"的灵活性、协商一致和政府间合作的原则和特征虽然照顾了各成员国差异性和"珍视主权独立"的需求,但其合作呈现出了非正式性和松散性的特点,与欧盟的硬性联合相比,东盟更倾向于走"软性区域主义"的路线,大幅降低了合作的效率。中国是东盟长期以来的合作伙伴,东盟的利益是中国在推进 RCEP 建设过程中的重要考量。但是不同于政治、经济领域的合作需要长期的互动与培养,科技创新领域有很强的时效性,某一科技问题的突破与否不仅关系到相关产业乃至经济发展,还可能影响某些非传统安全问题(如粮食安全、医疗卫生等)的全球治理进程,关系到千万人的福祉。正因如此,效率是国际科技创新合作中的重要关切。当合作议题属于中国科技创新中相对优势的领域,或合作内容有比较迫切的需求时,中国需要以引领者的身份推动区域内科技创新合作。相比"东盟方式",RCEP 以其立法机构背书的强制性、完善的监督和执行机制以及补偿和争端解决等机制,具有"硬性区域主义"的特征。秉持"协调一致"的原则,中国需要以大国的能力和担当在国际科技创新合作中处理好作为参与者和引领者之间的关系。

二是处理好从科技创新能力领先国家学习和引进与向相对落后国家提供科技帮助之间的关系。RCEP 成员国在全球创新指数排名中的分散和专利申请数量的差异说明其内部的多样性、复杂性以及发展的不平衡性,因此不同国家对于国际科技创新合作的需求是不同的。中国应整合从科技发展高水平国家学习和引进与对低水平国家进行帮助和输出的两种角色。一方面,借助中国完备的产业链和全领域的科研优势,实现高新技术创新和较低端科技领域的整合。随着科技发展低水平国家在科技领域的学习和追赶,目前区域内各国对某些特定科技创新项目(如数字经济、新能源等)的兴趣越发趋于一致,区域内科技产业对接的需求日渐增加。另一方面,科学技术流通的另一条重要途径是人才的引进和输送。通过科技创新领域的整合和科研人才的流通,中国可以同时扮演好科技交流中学习者和帮助者的"双重角色"。

三是处理好利己与利他以及合作与自主之间的关系。RCEP是在多边主义认同基础上的自由贸易协定。在这一框架下,中国作为主权主体必须维护自身利益,同时也需维护各成员国在这一框架下的利益。这就需要RCEP国际科技创新合作处理好利己与利他以及合作与自主之间的关系。利己与利他的关系代表中国在RCEP国际科技创新合作中的基本立场,合作与自主则是其表现形式。RCEP国际科技创新合作的成败,除科学、技术或创新自身固有的性质外,成员国的利益能否平衡也是RCEP能否发挥作用的重要影响因素。由于国际科技创新合作有政治属性,因此尽管在某些科技援助项目中中国的回报较小,但建立国家间互信、履行大国责任等政治收益使其仍属"利己"的范畴。需要防范的是,在RCEP框架下,无论是成员国还是利益攸关方,均可能出现某些国家一边与对方进行科技合作,一边在国际政治中以外交、舆论等手段损害对方的国家利益和国际形象的情况。鉴于此,中国在RCEP框架下的国际科技创新合作是有底线的,即必须以国际道德、法律法规以及国家利益为基础。

在合作与自主间的关系上，中国一方面应认识到国家间科技合作随时可能因为国际政治形势的变动而转化为科技遏制，因此在参与 RCEP 国际科技创新合作中应强调风险意识和底线思维，依靠自身的力量来发展本国科学技术，还要积极利用好 RCEP 国际科技创新合作成果，不断提升本国科技创新的自主性；另一方面要注意推动 RCEP 国际科技创新合作向高水平发展，努力推动 RCEP 国际科技创新合作的成果产出。

三、在 RCEP 框架下推进国际科技创新合作的路径选择

2022 年 1 月 1 日 RCEP 正式生效后，区域内贸易投资增长、产业链与供应链不断融合、东亚区域经济一体化水平进一步提升，成员国间科技创新合作也将迎来新的发展机遇。与固有的合作方式不同，RCEP 协定作为一项大型区域贸易安排，为成员国间科技创新合作提供了独具特色的新框架。依托 RCEP 平台，中国可以通过建立科技合作固定机制、加强企业参与以及推动新技术领域合作等路径，进一步提升国际科技创新合作的水平。

（一）建立科技合作的固定有效机制

良好的制度体系能够激励和保障区域内潜在的或进行中的科技创新活动，为科技进步和经济增长增添动力。特别是在 RCEP 框架中，政府、企业以及科研人员等多主体参与的国际科技创新合作很容易因知识产权、科研经费等纠纷引发混乱和无

序，导致合作的低效。建立一套完善的科技合作机制既是赋能也是约束，是保证各主体在合作中获得平等地位、获得合作收益和有效规避风险的必要条件。国家间科技合作和固定有效的机制是相互促进的关系，机制为合作提供保障，而合作又促进了机制的完善和升级，形成良性循环。

作为区域贸易协定，RCEP本身就是一个内容丰富、具备保障效能的制度安排。针对其中的科技合作，中国应积极推动大机制下的"小机制"建设。"数字经济""数字基础设施建设"等议题不只是RCEP作为经贸合作协议中各成员国的重点关切议题，更是科技创新的重要内容，离不开各国的科技参与和支持。在这个意义上，RCEP的固定机制不应仅局限在各国的商务部门，同时应在国家层面建立成员国科技部门间的交流机制，以此来制定RCEP框架中国际科技创新合作的制度结构，包括宏观层面合作议题的设置、具体合作内容的立项以及相关的合作流程和法律法规；社会层面为科技创新的各主体打造覆盖全区域的交流机制，创造合作机会与合作条件；针对具体项目构建政府部门、科技合作者与投资方"三位一体"的沟通机制，在保证信息公开透明的同时提升合作效率。除此之外，还要完善与国际合作机制配套的国内机制，包括对合作项目进行立项审查、过程监督和结果评定、确立经费支持机构以及保护知识产权和资源安全等。"小机制"服务国际合作，偏重赋能，国内机制立足国家利益，强调约束，两者都是国际科技创新合作机制建设中的重点。

（二）充分调动企业参与

"主权困境"是国际合作中绕不开的难题。国际科技创新合作中不对称的技术优势有时不仅使后发国家望而却步，也常常让技术优势国家失去合作动力。技术主权和政治、经济主权息息相关，创新能力落后的国家出于对资源掠夺、收益分配不均和国家间科技遏制的考量，优势国家出于维持技术垄断的需要，有时会让合作变得低效而充满猜忌。出于对国家利益的考量，国际社会中的很多国家尚未就科技领域的合作达成互信。中国在国际科技创新合作中曾"重引进"而"轻产业化"，政府间国际科技创新合作的主体多为政府主导下的科研院所和高校，企业参与较少。依托 RCEP 的经贸体系，中国可以最大限度地发挥企业在国际科技创新合作中的特殊作用，通过收益的合理分配实现成员国间的科技互信，破解"主权困境"。

加强 RCEP 框架下国际科技创新合作中的企业参与，原因有以下三点。首先，相较政府间敏感而脆弱的政治往来，企业所代表的经贸往来和财政收益是大多数国家政府无法拒绝的。这意味着就某些意义特殊的科技项目（如能源、国防等）而言，国家可以以国家安全为由拒绝政府间合作，但一般不会强硬拒绝企业或跨国公司的加入，并倾向于通过规范或指导商业行为的方式来适当地行使主权。其次，企业不仅是推动科技创新的主体，也是 RCEP 中的行为主体。作为最直接的创新活动者，企业挖掘和利用创新资源的能力是一国商业成熟度的反映。RCEP 中的大部分经贸往来将以企业活动为载体展开，借助这个平台可以为国际科技创新合作提供更多机遇。最后，更大的市场空间和更高的开放水平为企业创造了更优的创新合作条件。开放竞争的市场是激励创新的必要条件，RCEP 中 15 个成员国整合的大市场将为企业间的创新竞争和科技合作提供充足的空间，也会减少对企业的束缚，激发创新潜力。在这样的环境下，企业将大有可为。而政府和 RCEP 内的相关机制通过加强对企业的监管，运用"反垄断"和打压"恶意竞争"等手段，可以最大限度地实现公平的收益分配，在区域内培养科技互信、经贸互信，进而达成一定程度上更牢固的政治互信。

（三）主动加强新技术领域的合作

每一个新技术的突破都可能使国家间竞争扩展到从未涉足过的领域，这种竞争引发国际政治格局变动的可能性使国家务必密切关注本国以及全球科技产业的发展。近年来，面对美国在对华科技竞争中采取的一系列策略，中国的科技创新主体尤其不能步入美国布下的科技孤立陷阱，应在强调自主的同时重视在 RCEP 框架内广泛寻求新技术领域的合作。

为什么要寻求与 RCEP 成员国进行新技术领域的科技合作？除了技术人才合作本身带来的创新能力提升与科技资源的更高效利用，RCEP 还为区域内科技行业的创新提供了体量最大的市场。RCEP 市场涵盖 22 亿人口，是当前世界上人口和经贸规模体量最大的贸易协定，当某一国或某一企业的新技术优先投放到市场中，除了将获得巨大的经济收益，还将拥有行业内的话语权，甚至是规则制定权。这在区域内还意味着以新技术为主要内容的新型产业链的构建,即更牢固的科技创新与经贸合作伙伴关系。新技术还代表着某些全球治理难题的解决方案。例如伴随着大数据、物联网、区块链和5G通信等新技术发展而成为区域内热点科技议题的"数字经济",不仅通过降低社会交易成本、优化资源配置等方式推动社会生产力快速发展,还将为创新能力落后的国家后来居上实现超越式发展提供技术支持,成为消减贫困与缩小贫富差距的有力手段。

需要注意的是,新技术是把双刃剑,它在造福人类的同时,也制造了潜在的风险。例如人脸识别技术在短期内提高了刑事案件的侦破率,但也很快成为犯罪分子窃取个人信息、进行高科技犯罪的工具;人工智能的出现在提高社会生产效率的同时导致大量人口失业,成为造成社会不稳定的潜在因素。这使得国家或企业在进行科技创新和运用新技术时要格外谨慎地接受法律与道德的约束和RCEP成员国的共同监管,在其框架中协商、合作使用新技术应对公共治理问题,为世界贡献亚洲智慧。

"科学是仅有的一个对于全人类都完全相同的事业","是使世界各族人民联合起来的最强有力的结合物"。国际社会当前仍然面对减贫、粮食安全、气候变化和数字经济等全球范围内的治理难题,而创新则是"应对人类共同挑战的决定性因素"。在全球贸易保护主义抬头的背景下,RCEP中的15个成员国秉持合作共识,组成当前全球涵盖人口最多、贸易体量最大的自由贸易区,其意义不仅在于更便捷的经贸往来,也在于各国对于公共治理问题的复杂性和对于伙伴关系的重要性有了更深刻的认识。RCEP为成员国提供了协商解决区域内难题、携手促进高质量发展的合作框架,中国可在其中发挥积极作用,携手和推动 RCEP 成员国科技创新合作实现更稳定、更高质量的发展。

（本文原载于《当代世界》2022 年第 9 期，原文章名为《RCEP 框架下中国参与国际科技创新合作的路径》）

博鳌亚洲论坛：区域治理与亚洲应对

20多年来，博鳌亚洲论坛立足亚洲，面向世界，通过多边平台，促进亚洲深度合作，成为全球重要对话的传达者和亚洲共同发展的瞭望者。

站在时代的历史节点上，回顾博鳌亚洲论坛走过的历程，在展望未来的同时总结论坛自身鲜明的特点，无疑是必要的。

一、倡导亚洲理念

中国是多边主义的倡导者和实践者，在中国主导或参与的众多多边机制中，博鳌亚洲论坛具有特殊的重要意义。

2001年，作为涵盖亚洲地区、探讨亚洲经济和社会发展问题的非官方开放性论坛，博鳌亚洲论坛在海南琼海的博鳌小镇召开首届年会。在《博鳌亚洲论坛宣言》中明确表示要"培育和增进区域内网络机制和地区战略联盟的概念"。20多年过去了，博鳌亚洲论坛的机制化建设日趋成熟，其所倡导的亚洲理念被越来越多的国家所接受，亚洲区域的发展也越来越受世人瞩目。

博鳌亚洲论坛是首个永久性定址中国的国际会议组织。党的十八大以来，习近平总书记统筹国内国际两个大局，大力推动中国开展主场外交。博鳌亚洲论坛正是中国主场外交的成功范例。博鳌亚洲论坛发挥了展示国家实力、提升国家形象、提高国际影响力、掌握国际话语权、改善双边关系的作用，彰显了中国特色大国外交的魅力。中国如今已经成为世界第二大经济体，越来越走近世界舞台的中央，理应与亚洲国家一同，通过共商、共建、共享、共赢的方式，为亚洲的繁荣与发展作出贡献。

多边合作平台是优化全球治理、维护地区稳定、推动合作共赢的重要机制。博鳌亚洲论坛近年来所取得的一系列开创性、引导性的成果，为倡导亚洲理念、推动全球包容性发展贡献了越来越多的智慧。

二、凝聚亚洲共识

博鳌亚洲论坛成立伊始，就走出了一条亚洲领导人共同参与的对亚洲发展进行顶层设计的探索之路。每届年会，亚洲国家领导人的出席都成为世界关注的焦点，这些领导人在年会期间所开展的活动和释放的信号被各界广泛解读。

党的十八大以来，中国大力推动博鳌亚洲论坛的发展，向世界释放了中国构建新型国际关系和人类命运共同体的积极信号。在博鳌亚洲论坛2015年年会上，习近平主席提出了迈向命运共同体"四个坚持"的实践路径。2018年，习近平主席在博鳌亚洲论坛宣布中国扩大开放的举措并明确表示："中国开放的大门不会关闭,只会越开越大!"

2021年是博鳌亚洲论坛成立20周年的特殊年份。为亚洲和世界发展凝聚正能量,谋发展、促合作是贯穿这届论坛活动的主线,针对全球治理的中国主张成为本次论坛的焦点之一。凝聚亚洲共识,强化参与全球治理的顶层设计,融汇共同力量,承担共同责任,实施共同行动,聚合亚洲人民的智慧和力量,成为会议的主要任务。

三、推动区域治理

近年来,中国积极践行亲、诚、惠、容理念,通过包括博鳌亚洲论坛在内的多种平台和机制,积极推动与周边国家共建"一带一路",为区域与全球治理提供了中国方案。

区域治理是全球治理的重要组成部分。近年来,中国积极参与区域与全球治理,博鳌亚洲论坛就是中国为亚洲和世界提供的一款优质公共产品。当前国际矛盾与纷争日益增多,全球性挑战更加突出,加强全球与区域治理比以往任何时候都更加重要和迫切。在生产要素流动受阻的情况下,共建"一带一路"倡议彰显强大韧性,促进了亚洲及毗连地区的经济复苏,展现了亚洲国家推动国际合作的决心,也为完善全球治理提供了一个"亚洲视角"。这对帮助亚洲乃至世界各国凝聚发展共识、重塑增长信心,坚定推进全球化进程,无疑大有裨益。

作为公共产品,博鳌亚洲论坛在机制化、立体化、专业化、主动化方面已走在了前列。博鳌亚洲论坛2021年年会约有63场活动,其中包括发布会3场、分论坛44场、对话会4场、圆桌会 7 场等。这些活动主题涵盖了数字货币、减贫、自贸港、知识产权、RCEP、人工智能等一系列与全球经济社会密切相关的重大内容，并对当前全球化出现波动、经济复苏前景未明的国际形势进行深入讨论。近年来，论坛还着重提供更多的研究成果，为区域和世界发展提供智力支持。2020 年，论坛发布了《亚洲经济前景及一体化进程 2020 年度报告》以及涉及金融、减贫、创新、疫情等主题的多个报告。2021 年，论坛发布了《亚洲经济前景及一体化进程》《可持续发展的亚洲与世界》等报告。

经过 20 多年的发展，博鳌亚洲论坛通过不断呈现亚洲视角、总结亚洲经验、提供亚洲智慧的方式展现出了特有的风采。博鳌亚洲论坛聚焦全球治理，关注"一带一路"合作，坚持走多边主义的团结合作之路，将为亚洲和国际社会携手应对全球性挑战注入新动力。

（本文原载于《光明日报》2021 年 4 月 17 日第 8 版，原文章名为《博鳌亚洲论坛 20 年——区域治理的成功典范》）

"17+1合作"中的欧盟因素

近年来,中东欧成为世界经济表现最强劲的地区之一,其核心地区的增长速度仅次于亚太地区。作为共建"一带一路"倡议中欧洲部分的重要伙伴,中东欧国家既是区域意义上欧洲的重要部分,也是制度意义上欧盟的重要组成。欧洲,是共建"一带一路"倡议的重点方向;欧盟,是中国对外合作的主要经济体之一。考虑到中东欧17国中有12国是欧盟成员国,其他5国也多将入盟作为根本国策。这些国家如何参与"17+1合作"直接受到欧盟因素的影响,也必将直接影响欧盟的对华政策。

目前关于"17+1合作"的研究主要分为两类,一类从国别研究视角分析不同国家对"17+1合作"的影响,例如德国、英国、日本、美国、俄罗斯等在中东欧地区都有重要战略利益,其对"17+1合作"的态度对"17+1合作"乃至共建"一带一路"倡议在欧洲的落地有着举足轻重的影响;[1] 另一类从中国

---

[1] 代表性成果有:李文红:《德国对"16+1合作"的若干疑虑探讨》,《黑河学刊》2019年第3期;朱晓中:《俄罗斯在巴尔干的地缘政治利益》,《俄罗斯学刊》2016年第4期;任再萍、毕诚:《英国脱欧对"16+1合作"的影响探究》,《上海经济》2017年第6期;刘作奎:《日本的中东欧政策及对中国"16+1合作"的影响分析》,《俄罗斯研究》2019年第2期。

与中东欧国家经贸往来的角度出发,分析"17+1合作"为双方在经济发展和产业结构对接方面起到的互补作用。① 值得注意的是,参与合作的中东欧国家一半以上是欧盟成员国,欧盟作为制度性行为体在中东欧同样存在重要利益。目前学术界对欧盟在"17+1合作"中扮演的角色分析较少。金玲在分析中东欧国家对外经济合作中的欧盟因素时指出,欧盟对中国—中东欧合作存有较大疑虑,但因合作起步时间不长,欧盟因素的显著性与重要性尚未体现。② M. 维特罗夫索娃等在分析中国、欧盟和中东欧三者关系时提到,在"16+1合作"("17+1合作"前身)框架内,中东欧国家与中国的合作来源于其对欧盟的不满情绪,而这种情绪来源于欧盟未能满足它们的期待。③ 国外在研究欧盟在"17+1合作"中所扮演的角色时,甚至有学者认为中国—中东欧合作意在"分离"欧盟。④ 以上可以看出,现有关于"17+1合作"中的欧盟因素的研究多聚焦于欧盟的负面影响,而对"17+1合作"对中国与欧盟战略对接的促进作用关注不多。

---

① 姜琍:《"16+1合作"和"一带一路"框架内的中国与斯洛伐克经贸合作》,《欧亚经济》2019年第3期,第58—70页。

② 金玲:《中东欧国家对外经济合作中的欧盟因素分析》,《欧洲研究》2015年第2期,第29—41页。

③ M. 维特罗夫索娃、S. 哈尼施、刘露馨、朱金志:《中国、欧盟和中东欧:一个未满足期待的三角关系?》,《国际论坛》2019年第2期,第89—111页。

④ John S. Van Oudenaren, "Why China is Wooing Eastern and Central Europe", The National Interests, Sep. 4, 2018, https://nationalinterest.org/feature/why-china-wooing-eastern-and-central-europe-30492?page=0%2C1.

第二部分　区域与次区域合作　◇

一、战略对接与"17+1合作"

欧洲是共建"一带一路"倡议西进路线的终点站。2015年，中国国家发改委、外交部、商务部联合发布《推动共建丝绸之路经济带和21世纪海上丝绸之路的愿景与行动》（简称《愿景与行动》）。《愿景与行动》包含八个部分，框架思路部分中明确提出，丝绸之路经济带重点畅通中国经中亚、俄罗斯至欧洲（波罗的海），以及中国经中亚、西亚至波斯湾、地中海。21世纪海上丝绸之路重点方向是从中国沿海港口过南海到印度洋，延伸至欧洲。① 作为欧洲最大的经济体，欧盟对共建"一带一路"倡议的参与程度决定了"一带一路"合作的广泛性和效果。"17+1合作"一方面是共建"一带一路"倡议旨在谋求进一步深化中国与欧盟伙伴关系的内生需求，另一方面也是共建"一带一路"倡议推动中欧合作的阶段性成果。

"17+1合作"前身为中国—中东欧"16+1合作"。2012年4月，中国与中东欧国家领导人在波兰华沙会晤。这次会议提出设立中国—中东欧国家合作秘书处、设立100亿美元专项优惠贷款、建立中国—中东欧投资基金等在内的12项举措。② 以此为发端，形成"16+1合作"机制。2019年4月，希腊正式加入中国—中东欧国家合作机制，"16+1合作"升级为

---

① 《〈推动共建丝绸之路经济带和21世纪海上丝绸之路的愿景与行动〉发布》，商务部网站，2015年3月30日，http://zhs.mofcom.gov.cn/article/xxfb/201503/20150300926644.shtml。

② 《中国与中东欧国家领导人会晤新闻公报》，《人民日报》2012年4月27日。

"17+1合作"。"17+1合作"以次区域合作为平台,以落实共建"一带一路"倡议为方向,是发展中欧关系的重要探索。

"17+1合作"的机制化建设为中国与欧盟合作提供了诸多借鉴。"17+1合作"的初衷是通过创建合作机制,使原本在地缘上相距甚远的中国与中东欧17个国家在战略发展、经贸往来、产业互补等方面达成合作。"17+1合作"自建立起一直致力于机制化建设。一方面,通过每年的领导人峰会,发表《中国—中东欧国家合作布加勒斯特纲要》《中国—中东欧国家合作贝尔格莱德纲要》等文件,使"17+1合作"在组织化、法律化等方面进展迅速。另一方面,通过各种机制化建设,成果覆盖政治合作、经贸投资、金融互助、节能环保、基建交通、科技创新、人文交流等领域。如在人文交流方面,2015年推出"中国—中东欧国家旅游合作促进年"、2016年推出"中国—中东欧国家人文交流年"、2017年推出"中国—中东欧国家媒体年"、2019年推出"中国—中东欧国家教育、青年交流年",使双方人文交流常态化、具体化。同时,中国—中东欧国家高级别智库研讨会、"16+1"旅游合作高级别会议、中国—中东欧国家文化合作论坛等活动,使得双方的人文交流更趋多元化。2019年,中国与中东欧国家决定合作设立"16+1全球伙伴中心",这预示着"16+1合作"的专业性、功能性进一步加强。近年来,中国—中东欧国家投资合作基金、中国—中东欧金融控股有限公司、中国—中东欧国家地方省州长联合会、中国—中东欧国家投资贸易博览会、中国—中东欧国家博览会、中国—中东欧国家经贸促进部长级会议等相关平台体现了"17+1合作"层级的多元性,以中国—中东欧国家合作秘书处为核心,通过召开国家协调员会议实现联络,"17+1合作"的机制化建设已初具规模。与此同时,中国与欧盟在机制化建设上也在进行着探索。2019年,第21次中国—欧盟领导人会晤发表联合声明,在经贸方面提到,中欧双方致力于在开放、非歧视、公平竞争、透明和互利基础上打造双方经贸关系。预计2020年达成高水平的中欧投资协定,即实质性改善市场准入、消除影响外国投资者的歧视性要求和做法、建立平衡的投资保护框架以及纳入投资和可持续发展方面的条款。[①] 中欧投资协定的签订,将为双方进一步打开彼此的投资市场提供制度性保障。

中国作为世界上最大的发展中国家、世界第二大经济体,与中东欧国家的关系无论从历史渊源还是现实条件上看,都具有非常大的合作机遇,"17+1合作"的实践进一步证明中欧互有需求。从宏观上看,经济全球化深刻影响了国际权力的转移与国际体系的重塑,这使得中国和欧盟在制定未来对外战略时都将建立更广泛的合作关系视为重点目标。2019年,习近平主席在第二届"一带一路"国际合作高峰论坛开幕式上的讲话强调,共建"一带一路"倡议目的是聚焦互联互通,深化务实合作,携手应对人类面临的各种风险挑战,实现互利共赢、共同发展。[②] 欧盟是中国重要的贸易伙伴,共建"一带一路"倡议目的之一是与欧盟发展规划对接。同样,2018年,欧盟提出推动

[①] "European Council of the European Union: Joint Statement of the 21st EU – China Summit", Apr. 9, 2019, https://www.consilium.europa.eu/en/press/press – releases/2019/04/09/joint – statement – of – the – 21st – eu – china – summit/.

[②] 《习近平在第二届"一带一路"国际合作高峰论坛开幕式上的主旨演讲(全文)》,新华网,2019年4月26日,http://www.xinhuanet.com/politics/2019 – 04/26/c_1124420187.htm。

欧亚互联互通战略，该战略旨在通过亚欧双方在交通、能源、数字、人际等领域的合作，进一步深化欧盟与亚洲的贸易往来。①"17+1合作"正是基于中欧对外战略的共识部分，建立起了双方在产业结构、资源能源、人力资本等方面的互补关系。从微观上看，"17+1合作"表现为中国通过对中东欧地区的交通、能源等领域进行投资，为当地的营商环境提供交通基础设施上的便利。通过精准投资间接优化当地的产业结构，将相关国家的实际需求与中国的发展规划相对接，从而促进中国与中东欧国家的经济发展。

欧盟与中国在发展战略上有对接需求。中国与欧盟作为世界上重要的经济体，同时也是彼此重要的贸易伙伴。2018年，欧盟货物贸易额的1/3来自美国和中国（其中美国占17.1%，中国占15.4%），与中国的贸易额远超瑞士、俄罗斯、土耳其和日本。中国对欧盟的份额从2000年的5%增加至2018年的15%。②面对逆全球化和贸易保护主义的冲击，维护开放的国际秩序是中国与欧盟的共同追求，双方有实现战略对接的诉求。2013年，中国与欧盟共同发起"2020战略计划"，该计划旨在明确双方将继续在平等互信、相互尊重的基础上巩固和发展战

---

① European Parliament, "Connecting Europe and Asia – Building Blocks for an EU Strategy", Nov. 19, 2018, https://www.europarl.europa.eu/legislative-train/theme-europe-as-a-stronger-global-actor/file-connecting-europe-and-asia.

② 《2018年美国和中国占欧盟货物贸易额三分之一》，商务部网站，2019年3月26日，http://www.mofcom.gov.cn/article/i/jyjl/m/201903/20190302846415.shtml。

略伙伴关系。① 习近平在会见时任欧洲理事会主席范龙佩和时任欧盟委员会主席巴罗佐时用"两大力量""两大市场""两大文明"描述中欧之间的合作关系。② 2014年,欧洲委员会主席容克提出"容克计划",即通过吸引外资以应对金融危机、促进欧盟经济复苏的投资计划,这一计划欢迎外国资本进入欧洲。2018年,欧盟出台《连接欧洲和亚洲——对欧盟战略的设想》,将中国列为互联互通的首要合作对象。欧盟开放的对外政策恰好与中国的共建"一带一路"倡议相向而行。

共建"一带一路"倡议与"容克计划"均是以亚欧互联互通为前提,旨在谋求双方在交通、投资、数字等方面实现战略对接。

交通方面,"容克计划"旨在完善欧洲交通基础设施,并在2030年前搭建全欧交通网络,该交通网络的建成可以为欧洲提供近1000万个工作岗位。③ 然而由于此规划并未包含非欧盟国家,特别是经济欠发达的西巴尔干地区,间断的交通网络既不利于欧洲经济一体化的建成,也不利于欧洲的稳定与团结。共建"一带一路"倡议强调设施联通,关注交通基础设施建设,这为中国与欧盟合作,打通欧洲交通网络的缺失路段,畅通瓶

---

① "EU-China 2020 Strategic Agenda for Cooperation", Nov. 23, 2013, https://eeas.europa.eu/delegations/china_en/15398/EU-China%202020%20Strategic%20Agenda%20for%20Cooperation.

② 《习近平主席关于中欧关系的重要论述》,新华网,2015年10月16日,http://www.xinhuanet.com/politics/2015-10/16/c_128326214.htm。

③ ECSA, "More EU Budget for Transport, The Best Investment Plan for Europe", Sep. 21, 2017, https://www.ecsa.eu/news/more-eu-budget-transport-best-investment-plan-europe.

颈路段，提升道路通达水平提供了可能。以匈塞铁路为例，该铁路的建成将联通整个欧洲，并为建成中欧陆海快线提供保障。

投资方面，欧盟意在通过"容克计划"，移除国家及欧盟层面的经济壁垒以改善营商环境。[①] 同样，共建"一带一路"倡议也强调解决投资贸易便利化问题，消除投资和贸易壁垒，构建区域内良好的营商环境。事实上，2018年，中国对中东欧16国投资6.1亿美元，同比增长64.9%。[②] 数字的强劲增长意味着中欧在投资方面的合作越来越多。

数字化技术运用方面，欧盟计划在2020—2035年实现5G应用。2020年，欧盟5G网络安全工具箱公布，欧盟表示5G将对未来欧洲的数字经济与社会发展产生重要影响。[③] 这与中国正在推进的以人工智能、大数据、机器人等为代表的新技术推动的第四次工业革命不谋而合。

二、"17＋1合作"对欧盟具有示范效应

"17＋1合作"为中国与欧盟的深度合作提供了示范，这一合作展示了中国经济体量大、产业全，可以满足中东欧国家各

[①] European Commission, "What is the Investment Plan for Europe?", https://ec.europa.eu/commission/priorities/jobs-growth-and-investment/investment-plan-europe-juncker-plan/what-investment-plan-europe_en.

[②] 《2018年度中国对外直接投资统计公报》，商务部网站，http://img.project.fdi.gov.cn//21/1800000121/File/201911/2019111040914277695241.pdf。

[③] European Commission, "Secure 5G networks: Commission Endorses EU Toolbox and Sets Out Next Steps", Jan. 29, 2020, https://ec.europa.eu/commission/presscorner/detail/en/IP_20_123.

种需求的能力，也证明了跨区域合作的可能性。对欧盟而言，中国与中东欧国家的合作有助于欧盟振兴内部经济、实现区域均衡发展，同时也有利于欧盟更便捷地参与亚太事务。

政治互信是推动"17+1合作"的前提，也是欧盟与中国关系走向实质性进步的前提。党的十九大提出构建新型国际关系的外交目标，发展与欧盟关系是中国外交战略不可或缺的一环。在各大经济体中，欧盟的核心国家德国和法国与中国交往较多。在经贸合作方面，据德国联邦统计局数据显示，2019年中国连续四年成为德国在全球的最大贸易伙伴，货物贸易额达2057亿欧元。[①] 2018年，中国与法国双边贸易额达到629亿美元，同比增幅为15.5%，创造了历史上的最高水平。[②] 经济上的深度合作有助于政治上互信。在首脑外交方面，法国总统马克龙、德国总理默克尔均于2018年和2019年两次访华，中法、中德就维护多边主义与自由贸易、秉持开放包容扩大双向市场、深化互利合作等内容达成共识。高层的频繁互动释放出积极的合作信号，政治上的发展共识有助于经贸领域扩大合作。

在政治互信方面，中国与中东欧国家先行一步。新冠疫情期间，习近平致电塞尔维亚总统武契奇时表示，中国和塞尔维

[①] Statistisches Bundesamt, "China 2019 im Vierten Jahr in Folge Deutschlands Wichtigster Handelspartner", Mar. 6, 2020, https：//www.destatis.de/DE/Presse/Pressemitteilungen/2020/03/PD20_080_51.html.

[②] "China – France Bilateral Trade Hits Record High", Asia Times, Mar. 22, 2019, https：//asiatimes.com/2019/03/china – france – bilateral – trade – hits – record – high/.

亚是全面战略伙伴,两国和两国人民"铁杆情谊"历久弥坚。①在中国疫情暴发初期,塞尔维亚政府向中国援助了价值1500万第纳尔(约合人民币98万元)的医疗设备。② 塞尔维亚因为疫情进入国家紧急状态后,中国立刻派专家组前往贝尔格莱德进行医疗援助,将中国经验无条件地分享给塞尔维亚的医护人员。为此,塞尔维亚国防部为中国援塞医疗队颁发了最高荣誉勋章。希腊是继葡萄牙、意大利之后第三个参与中国同欧洲"一带一路"合作的欧洲大国。2014年以来,中国与希腊为深化全面战略伙伴关系,不断保持高层互访势头,密切各级人员往来。2019年,习近平访问希腊时表示,中希之间坚持交流互鉴,向全世界展示了伟大古老文明的和合之美。③ 访问结束后,双方签署《中希重点领域2020—2022年合作框架计划重点项目清单(第二轮)》,涉及能源、制造业、交通基础设施、环保等14个领域。经贸领域的密切合作强化了中希双方的政治互信。政治互信是经济交往的有力保障,经济交往又能促进政治互信,"17+1合作"在政治互信方面为中国与欧盟关系的发展进行了有益探索,在未来相当长的时间内,政治互信仍是"17+1合作"的重要内容,也将是中欧发展双边关系的重要前提。

"17+1合作"的示范项目对于参与国的影响巨大,其辐射

---

① 《习近平就塞尔维亚发生新冠肺炎疫情向塞尔维亚总统武契奇致慰问电》,中国政府网,2020年3月21日,https://www.gov.cn/xinwen/2020-03/21/content_5494032.htm。

② "Serbia to Help China Fight Coronavirus", Feb.14, 2020, https://www.srbija.gov.rs/vest/en/150234/serbia-to-help-china-fight-coronavirus.php.

③ 《习近平在希腊媒体发表署名文章》,中国政府网,2019年11月10日,http://www.gov.cn/xinwen/2019-11/10/content_5450608.htm。

作用也能直接影响欧盟各国参与共建"一带一路"倡议的意愿。据共建"一带一路"贸易合作大数据显示，2017年，中国自东欧地区"一带一路"共建国家进口625.3亿美元，较2016年增长25%，占中国国家进口总额的9.4%。[①] 据商务部公开数据显示，2018年中国与中东欧16国贸易额同比增长21%，为822亿美元，[②] 较2011年增长55.4%；中国自中东欧国家进口，较2011年增长了80.7%。[③] 2019年，中东欧国家与中国贸易累计进出口额同比增长6.9%，是中国与欧盟累计增长的两倍多。[④] "17+1合作"的实践证明，合作对中欧是共赢的选择。

"17+1合作"源于中东欧17国对华合作的强烈需求。从数据可知，虽然中东欧国家之间在政治、经济等各个领域均没有太多一致性，经济规模与产业结构差异巨大，但是在与中国的合作方面目标较为一致。正因如此，"17+1合作"具有明显的开放性特征，同时也具有指标性意义。具体地说，"17+1合作"成功与否，在一定程度上影响着中国与欧盟关系的走向。

以希腊的比雷埃夫斯港为例，该港位于希腊西南部，金融危机、欧债危机相继发生后，希腊经济受挫，该港口亏损达1300万欧元，客户几乎流失殆尽。2010年，中远集团通过特许

[①] 《"一带一路"贸易合作大数据报告2018》，国家信息中心网站，2018年5月8日，http://www.sic.gov.cn/sic/93/552/553/0508/9203_pc.html。

[②] 《共建"一带一路"中东欧国家分量日增 基建、制造、旅游业潜力巨大》，中国一带一路网，https://www.yidaiyilugov.cn/p/103346.html。

[③] 《商务部：2018年中国与中东欧16国贸易额为822亿美元》，人民网，2019年5月29日，http://finance.people.com.cn/n1/2019/0529/c1004-31109445.html。

[④] 《2019年1—12月中国与欧洲国家贸易统计表》，商务部网站，2020年3月2日，http://www.mofcom.gov.cn/article/tongjiziliao/sjtj/xyfzgbqk/202003/20200302941074.shtml。

◇ 国际关系若干问题研究

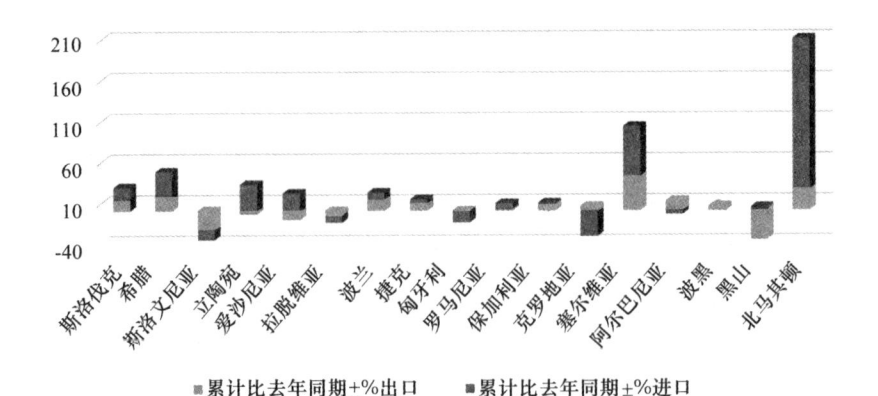

图7 2019年中国与"17+1合作"国家贸易增长率统计

数据来源：中华人民共和国商务部。

经营权接管了比雷埃夫斯港 2 号、3 号集装箱码头的经营。接管后，中远集团投资 3 亿多美元翻新码头，更新所有港口设备；提升码头客户服务水准，严格控制各项成本费用支出；集中精力开拓国际市场。① 在中远集团与希腊政府的通力合作下，为当地创造直接就业岗位 2600 个，间接工作岗位 8000 多个。比雷埃夫斯港在欧洲集装箱港口吞吐量排行榜上从 2017 年的第 17 位升至 2019 年的第 4 位，仅次于荷兰的鹿特丹、比利时的安特卫普和德国的汉堡，吞吐量达到 565 万件，年增长量居欧洲榜首。② 2020 年 2 月，中远海运比雷埃夫斯港口有限公司对外披露

---

① 谢陶：《从衰败到复兴，希腊比雷埃夫斯港是如何"重生"的？》，每日经济新闻网，2019 年 11 月 22 日，http：//www.nbd.com.cn/articles/2019-11-22/1388351.html。
② "Top 15 Container Ports in Europe in 2019：TEU Volumes and Growth Rates"，Port Economics，Feb. 21，2020，https：//www.porteconomics.eu/2020/02/21/top-15-container-ports-in-europe-in-2019-teu-volumes-and-growth-rates/.

2019年财报,该公司全年实现利润总额4760.6万欧元,比2018年同期增长12.5%;实现净利润3544.7万欧元,同比增长27.1%。① 比雷埃夫斯港作为地中海沿线最主要的航运港湾之一,此次成功转型有益于希腊摆脱债务危机,也成为"17+1合作"的示范项目,并为中国与欧盟合作提供了样板。

除了港口,"17+1合作"的另一个成功案例是铁路建设。为了打通中国与欧洲的合作,自东向西的中欧班列和自南向北的中欧陆海快线具有关键意义。中欧班列已经开通,由于其使货物的运行时间与交通成本都大幅缩减,为企业进一步开展国际贸易提供了有利条件。同时,在新冠疫情暴发之际,中欧班列对欧洲各国有效应对疫情起到了重要作用,其稳定性得到广泛认可,中欧班列的战略意义得到凸显。中欧陆海快线仍在计划中,目前已开通希腊比雷埃夫斯港至捷克帕尔杜比采、斯洛伐克布拉迪斯拉发、匈牙利布达佩斯和塞尔维亚贝尔格莱德4个集装箱堆场站点的定班服务。中欧陆海快线沿线辐射人口高达3200万,成为中东欧地区内部互联互通的重要一环,也是中国与欧盟合作的重要通道,建成后通过匈牙利连接西欧的时间只需要1—2天,将大大缩减物流成本,并极大推动了中东欧国家铁路交通网络建设。

目前,中国对中东欧国家的投资合作主要集中在基础设施、产能、机械制造等项目上。除了中欧班列、匈塞铁路、三海港区合作等重大示范项目外,一些已建成和在建项目也为中国与

---

① 《中远海运比港2019年净利润增长27%》,2020年2月21日,https://mp.weixin.qq.com/s/OewyNcFCYIdPAekdnNu9Ug。

欧盟合作提供了样板。

以波兰为例,波兰是亚欧连接的必经之地,特殊的地理位置决定了其战略地位的重要性,波兰也因此成为中欧班列联通欧亚的前哨。对波兰来说,中欧班列的开通不仅提高了其在国际贸易体系中的地位,同时也对波兰国内的发展产生重大推动作用。因为交通更加便利,更多中资企业前去波兰投资,TCL在2017年与中欧班列运营方签订了为期5年的合同。在波兰的日拉尔杜夫市,TCL波兰工厂是当地最大的工厂,雇佣了350名当地工人,生产高峰期工人可达500人。①

以匈牙利为例,2013年,华为在匈牙利首都布达佩斯附近建设了欧洲仓储物流中心,其辐射范围超过50个国家和地区。② 2017年,由山东万华集团收购的匈牙利宝思德公司企业利润超过4亿欧元,成为匈牙利十强企业,解决了当地3300多名员工的就业问题。③ 2018年,匈牙利的钢铁、皮革制品、动物制品等对华出口的大量增加也为其国内经济发展与转型带去利好。

---

① 《中欧班列的秘密 当波兰遇上中国》,新华网,2017年7月19日,http://www.xinhuanet.com/world/2017-07/19/c_129659335.htm。

② "Hungarian Investment Promotion Agency", Nov. 20, 2018, https://hipa.hu/images/publications/hipa-logistics-transportation-in-hungary_2018_09_20.pdf.

③ 贺之杲:《中国企业并购欧洲企业的成功案例——烟台万华收购匈牙利宝思德公司》,《国际融资》2018年第11期,第47—50页。

表8 2017年与2018年匈牙利对中国出口主要商品构成

（单位：百万美元）

商品类别	2018年	2017年	同比（%）	占比（%）
对中国出口总额	1769	1777	-0.5	100
电机、电气、音像设备及其零附件	460	430	6.8	26
核反应堆、锅炉、机械器具及零件	446	578	-22.7	25.2
光学、照相、医疗等设备及零附件	204	204	0	11.5
药品	134	67	101.2	7.6
车辆及其零附件，但铁道车辆除外	78	89	-11.5	4.4
钢铁制品	47	39	21.6	2.7
杂项制品	45	10	345.6	2.6
塑料及其制品	41	36	14.8	2.3
玩具、游戏或运动用品及其零附件	38	29	30.2	2.2
家具；寝具等；灯具；活动房	34	30	13	1.9
橡胶及其制品	33	23	44.3	1.9
有机化学品	31	41	-23.4	1.8
钢铁	27	1	4025.3	1.5
肉及食用杂碎	16	59	-71.9	0.9
杂项化学产品	16	10	56.6	0.9
其他动物产品	14	8	87.8	0.8
铜及其制品	10	10	-0.4	0.6
铁道车辆；轨道装置；信号设备	10	42	-76.2	0.6
木及木制品；木炭	9	8	15.4	0.5
饮料、酒及醋	8	7	7.6	0.4
矿物燃料、矿物油及其产品；沥青等	8	6	36.7	0.4
矿物材料的制品	7	5	51.9	0.4

续表

商品类别	2018 年	2017 年	同比（%）	占比（%）
贱金属杂项制品	7	8	-6	0.4
皮革制品；旅行箱包；动物肠线制品	6	1	330.7	0.3
羊毛等动物毛；马毛纱线及其机织物	5	4	41.7	0.3
铝及其制品	5	9	-44.2	0.3
玻璃及其制品	3	4	-25.3	0.2
杂项食品	3	1	130.7	0.1
无机化学品；贵金属等的化合物	2	3	-15.4	0.1
珠宝、贵金属及制品；仿首饰；硬币	2	1	46.9	0.1

数据来源：商务部国别报告网。

除了大型示范项目，许多"17+1合作"项目对推动参与国解决民生问题提供了切实的效果。斯塔纳里火电站是中国与波黑建交以来中国在波黑建设的第一个大型基础设施项目。这一项目是"16+1合作"100亿美元专项贷款资助项目。2016年斯塔纳里火电站并网发电，波黑电力不足问题得以解决。黑山南北高速公路是该国第一条高速公路，建成后将推动黑山与外界的互联互通能力。中国河钢集团收购的塞尔维亚的梅代雷沃钢厂，从濒临倒闭到扭亏为盈仅用了半年时间。塞尔维亚的泽蒙—博尔察大桥是中国在欧洲建设的第一个大桥项目。该大桥的落成极大地改善了以贝尔格莱德为中心的市政交通路网状况。

"17+1合作"的成功将推动欧盟主动参与共建"一带一路"。"17+1合作"是基于中国同中东欧17个国家的共同愿望打造的跨区域合作平台。"17+1合作"模式符合各国的实际需求,定向投资与基础设施建设相结合使其合作模式更具包容性与可持续性。通过"17+1合作",双方可以充分利用彼此在资金、能源、人力等方面优势,实现优势互补对接。"17+1合作"源于中国与中东欧国家自愿自觉、相互需要,有利于推动中东欧国家加快发展,从而有助于促进欧洲一体化进程。[①]"17+1合作"的诸多特点同样适用于欧盟与中国的合作,因此"17+1合作"对欧盟具有外溢性影响。

三、欧盟在政策、法律和制度上对"17+1合作"的影响

对于中东欧发展的路径,中国与欧盟的认识并不一致。近年来欧盟的发展战略从价值观优先转向现实主义后,利益成为其判断外界与其是竞争关系还是合作关系的重点考虑。在单边主义与贸易保护主义盛行的当下,中东欧国家作为"欧洲工厂"、欧盟的重点扩容对象,其政治、经济方面的发展方向始终为欧盟高度关注。同时,欧盟也通过对其中东欧成员国的政策、法律和制度约束影响着中东欧。随着"17+1合作"的不断深入,欧盟因素将是评估其项目风险的重要考量。

与欧盟的政策沟通是"17+1合作"深入发展的重要保证。虽然近年来欧美摩擦增多,但目前欧盟对外战略的重点方向仍是美国。为平衡与中美之间的关系,欧盟在对华政策上态度谨

---

① 《王毅谈中国同中东欧国家(17+1)合作》,外交部网站,2019年12月15日, http://search.fmprc.gov.cn/web/wjbzhd/t1724587.shtml。

◇　国际关系若干问题研究

慎，并对"17+1合作"有一定的限制。2019年3月，欧盟发布《欧盟—中国战略展望》报告，将中欧关系定义为在不同政策领域的合作伙伴、用来平衡各方利益的协商性伙伴、在追求科技领导权上的经济竞争者以及推广不同治理模式的体系性对手。① 从伙伴到对手，欧盟对华政策的矛盾性预示着短时期内中欧合作较难实现大的突破。同时，欧盟国家对华态度也并不一致。法国、意大利、葡萄牙、希腊等国与中国的合作十分密切，即使如此，法国的《费加罗报》和《世界报》在报道共建"一带一路"倡议时也具有强烈的感情倾向和意识形态色彩，评价较为负面。② 丹麦、芬兰对华态度较为消极。还有一些欧盟国家指责中国与中东欧国家的"17+1合作"是"债务陷阱"。英国脱离欧盟后，成为欧盟进出口的前三大市场，英国也在积极寻求与中国、欧盟、美国之间的平衡。德国是欧盟的核心国家，被称为"欧洲经济的发动机"，在欧盟"东扩"问题上，德国一直是主要的推动者。目前德国不仅是中东欧国家最重要的外贸伙伴和主要的外国直接投资来源国，而且已与维谢格拉德集团国家建立起产业链，将部分中东欧国家企业纳入到德国的市场体系和标准之中。③ 在"17+1合作"问题上，德国显得十分谨慎。由于欧盟对中东欧国家的巨大影响，中国在进行"17+1合作"时始终需要推动欧盟对华认知，加强与欧盟的政策沟通。

---

①　刘作奎：《中国—中东欧国家合作的发展历程与前景》，《当代世界》2020年第4期，第4—9页。

②　尹明明、陈梦笹：《法国主流媒体"一带一路"报道研究——以〈费加罗报〉和〈世界报〉为例》，《国际传播》2017年第6期，第11—21页。

③　朱晓中：《浅谈主要大国在中东欧的利益格局及对16+1合作的影响》，《区域与全球发展》2017年第2期，第155—156页。

第二部分　区域与次区域合作　◇

从另一个角度看,欧盟掌握着部分国际主流媒体和国际话语权,对中国国家形象建设,特别是对中国在中东欧国家中的形象建设具有重要意义。例如,在共建"一带一路"倡议提出伊始,西方媒体对此关注度并不高,一年只有几十篇相关报道。2015年后,BBC、路透社等媒体对共建"一带一路"倡议的关注度迅速上升,并且一直稳居共建"一带一路"倡议报道量前十的国际媒体的位置。据统计,2015年3月,国际媒体对共建"一带一路"倡议的报道量达923篇,环比增长280%。[1]而中东欧国家,例如捷克、匈牙利、斯洛伐克等国的媒体对华报道较为客观,这为中国与中东欧国家的合作提供了较为良好的舆论环境。[2]中国通过与欧盟的战略对接,可以进一步改善中国在欧盟主要媒体中的国家形象,为中国与欧盟进一步合作提供舆论基础,也为中国在国际社会中构建国家形象,推动构建新型国际关系创造良好的外部环境。

与欧盟法律、制度的对接是"17+1合作"必须注意的问题。作为一体化最成功的区域组织,欧盟强调对成员国的制度性约束。主要体现在两方面:一是欧盟相关制度机制和立法规定的硬约束;二是在没有硬约束的情况下,成员国有软的趋同压力。[3]欧盟的法律已经非常成熟,欧盟对成员国的约束主要通过法律,因此"17+1合作"要注意与欧盟法律的对接。比如

---

[1]《外媒对"一带一路"发展规划关注热度连跳三级》,中国一带一路网,2015年6月25日,https://www.yidaiyilu.gov.cn/ghsl/hwksl/749.htm。

[2] 张莉、张晓旭:《"17+1合作"背景下中东欧国家涉华舆情研究》,《当代世界》2020年第4期,第22—28页。

[3] 金玲:《中东欧国家对外经济合作中的欧盟因素分析》,《欧洲研究》2015年第2期,第29—41页。

◇　国际关系若干问题研究

匈塞铁路的建设看似只关乎匈牙利和塞尔维亚两个国家，但2017年欧盟以"大型交通项目必须公开招标"为由调查这个项目，并依据欧盟的相关环境保护法律对该铁路进行限制级要求。直到2020年5月，匈牙利议会终于以133票支持、58票反对的结果通过匈塞铁路的升级改造工程法案，① 匈塞铁路才成为可实施项目，并确定在2025年之前完成升级改造。可见，更好地了解欧盟法律及制度是"17+1合作"顺利展开的重要前提。

"17+1合作"还需注意欧盟、欧盟国家与17国领导人变化带来的政策延续性问题。尽管欧洲国家总体政治相对稳定，但是因为选举制的存在，政权的更迭往往会影响其对外政策的延续性。因此，对于中东欧国家，应该重视首脑外交对中国与中东欧国家关系的推动作用，并应时刻关注中东欧国家的政权动态。

中国共建"一带一路"倡议提出以来，148个国家与中国签订了共建"一带一路"的合作文件，涉及的区域包括亚洲、大洋洲、南太平洋、东欧、非洲及拉美地区。2018年9月，国务委员兼外长王毅在第73届联合国大会发表演讲时表示，习近平主席提出共建"一带一路"倡议，是中国向世界提供的公共产品，已成为规模最大的国际合作平台。② 2015年以来，随着共建"一带一路"倡议顶层设计的确立，"17+1合作"作为中国

---

① "New Law Passed Committing to Budapest – Belgrade Railway Upgrade", May 20, 2020, http://abouthungary.hu/news-in-brief/new-law-passed-committing-to-budapest-belgrade-railway-upgrade/.

② 《王毅："一带一路"已成为规模最大的国际合作平台》，新华网，2018年9月29日，http://www.xinhuanet.com/world/2018-09/29/c_1123501500.htm。

在欧洲地区新的合作重点,越来越受到中国政府和相关国家的重视。在机制建设方面,"17+1合作"制定了《中国—中东欧国家合作中期规划》,搭建起20多个机制交流平台,规划了匈塞铁路、中欧陆海快线、三海港区合作等重大项目。在伙伴拓展方面,2019年希腊成为第17个加入合作的欧洲国家,正式与中国展开密切合作。这些阶段性成果标志着"17+1合作"的效益得以彰显,成果得以共享,模式得以延续。

"17+1合作"在战略相向、制度相容、法律相符等方面的有效对接将推动中国与欧盟的合作,"17+1合作"的成果对欧盟内部具有示范效应。在这一过程中,只有注意相关欧盟因素的影响,才能实现共建"一带一路"倡议在中东欧的落地生根,进而助力中东欧经济发展,有效发挥"17+1合作"对欧盟的溢出效应。

(本文原载于《区域与全球发展》[1] 2020年第6期)

---

[1] 本文作者:张颖、贺亮。

共建"一带一路"倡议在
南太平洋岛国的实施路径

这里通过分析南太平洋岛国自身的特殊性及该地区博弈态势,探讨共建"一带一路"倡议在南太平洋地区的实施路径。

一、小岛屿发展中国家与南太平洋岛国的特殊性

小岛屿发展中国家是指一些小型低海岸国家。学界认为,小岛屿发展中国家都面临着领土面积狭小、地理位置偏僻、经济发展结构单一、人力和自然资源缺乏、对自然灾害适应能力弱以及难以有效参与国际事务等大致相同的结构性发展挑战。[①]小岛屿发展中国家通常被归为最不发达国家的行列,其人均收入低,并且在应对自然灾害与金融危机时具有脆弱性[②],对于国

[①] Poh Poh Wong, "Small Island Developing States", Wiley Inter-disciplinary Reviews: Climate Change, Vol. 2, No. 1, 2011, pp. 1-6.

[②] Natasha Kuruppu, Reenate Willie, "Barriers to Reducing Climate Enhanced Disaster Risks in Least Developed Country-Small Islands Through Anticipatory Adaptation", Weather and Climate Ex-tremes, Vol. 7, 2015, p. 72.

第二部分　区域与次区域合作

际资金、技术等方面援助的依赖性很强。①

南太平洋岛国②，包括 9 个完全主权国家，囊括了除澳大利亚和新西兰以外的所有大洋洲国家。这些国家具有典型的小岛屿发展中国家的属性，这一属性也决定了其在政治、经济、安全与国际事务中有着与众不同的特点。

首先，南太平洋地区是小岛屿发展中国家集中的地区之一③，大部分南太平洋岛国是发展中国家④。这些国家大多陆地面积较小而且分散，经济体量不大，人口较少，多数国家人口不足 20 万。南太平洋岛国总人口仅占世界总人口的 0.5%，属于典型的"微型国家"。但南太平洋岛国海洋面积广阔，其专属经济区占全球地表面积的 8% 和海洋面积的 10%，拥有丰富的海洋与海岛等自然资源，特别是水产资源、矿产资源和旅游资源。这一地区的金枪鱼产量占世界总产量的一半以上，仅巴布亚新几内亚的金枪鱼资源就占世界储量的 20%。⑤ 但是，由于绝大多数南太平洋岛国都面临着经济结构单一、经济体量小、交通不便、资源不均衡、劳动力缺乏、资金与技术严重短缺的问题，

---

① 曹亚斌：《全球气候谈判中的小岛屿国家联盟》，《现代国际关系》2011 年第 8 期，第 40 页。

② 本文所涉及的南太平洋岛国不仅包括独立的民族国家，也包含该地区非主权政治实体，为行文方便，统一用"南太平洋岛国"加以概括。

③ 另外两个集中的地区包括加勒比地区和印度洋地区。

④ 按照国际货币基金组织公布的 2013 年世界各国 GDP 总量排名来看，除巴布亚新几内亚和斐济外，其他各国均排在末尾。

⑤ 《巴布亚新几内亚国家概况》，外交部网站，2023 年 10 月，http://www.mfa.gov.cn/web/gjhdq_676201/gj_676203/dyz_681240/1206_681266/1206x0_681268/。

发展速度缓慢,①甚至不具备发展工业和商业的条件,这些得天独厚的资源没有得到很好的开发。据联合国发展计划署的人类发展指数排名,小岛屿发展中国家的社会经济发展水平非常低,这其中也包括许多南太平洋岛国,例如萨摩亚(排名96)、瓦努阿图(排名124)、所罗门群岛(排名143)等。②瓦努阿图、所罗门群岛、图瓦卢和基里巴斯被联合国列为最不发达的国家。③同时,岛屿之间的发展也表现出很大的不平衡性。南太平洋岛国的GDP增速由2011年的7.6%下降到了2013年的4%,这个数字还包含了发展较好的巴布亚新几内亚和所罗门群岛。绝大多数南太平洋岛国的发展状况都并不乐观,2013年,萨摩亚的经济出现了负增长,许多其他岛国的增速也不足3%。④在南太平洋岛国,政府开发援助也非常不均衡。在斐济,政府开发援助仅占GDP的3%左右,而在图瓦卢,政府开发援助却占到GDP的80%以上。⑤在各个国家内部,各岛屿之间的发展也相距甚远,例如在瓦努阿图,有20%的人口生活在主要的中心城市,其余人口都散布在缺乏通信设施的岛屿上。这些岛屿的

---

① 王玮等:《中国外交全球战略新布局——习近平主席出访太平洋岛国的重大意义》,《太平洋学报》2015年第1期,第5页。

② 王玮等:《中国外交全球战略新布局——习近平主席出访太平洋岛国的重大意义》,《太平洋学报》2015年第1期,第5页。

③ 吕桂霞:《"和平队"在太平洋岛国的活动研究:以斐济为例》,《聊城大学学报(社会科学版)》2017年第2期,第61页。

④ David Throsby, "Development Strategies for Pacific Island E - conomies: Is There a Role for the Cultural Industries", Asia and the Pacific Policy Studies, Vol. 2, No. 2, 2015, pp. 370 – 382.

⑤ David Fielding, "Aid and Dutch Disease in the South Pacific and in Other Small Island States", Journal of Development Studies, Vol. 46, No. 5, 2010, p. 921.

通信不畅严重阻碍了岛屿间的贸易,很多离岛甚至还在使用以货易货的方式。①

其次,南太平洋岛国的自然环境极为脆弱,对环境问题有特别强烈的诉求。由于四周环海,狭小的国土使南太平洋岛国极易受到火山爆发、海啸、台风等自然灾害的影响,且生态环境一旦破坏就无法快速恢复。2011 年,图瓦卢就曾发出预警,国际社会如果不抓紧减缓气候变暖导致的海平面上升,图瓦卢将有可能被淹没。② 有学者认为,相比陆地面积的缩小,气候变化带来的自然环境改变对太平洋岛国居民的威胁甚至更大。③

最后,南太平洋岛国普遍依附地区大国或霸权大国。由于过度依赖国际贸易和援助来满足自身国内的需求④,对外贸易中进口远远大于出口,对外依存度高,对外经贸具有严重的不平衡性,因此南太平洋岛国对于外界一些动荡的反应显得十分脆弱⑤,对大国的援助和庇护表现出更多的依赖性。

以上可以看出,南太平洋岛国极具自身的特殊性,这些特

---

① T. K. Jayaraman, "Central Bank Independence in the Pacific Island Countries: A Case Study of Vanuatu", Public Organization Re - view: A Global Journal, Vol. 1, No. 2, 2001, p. 265.

② 《太平洋岛国吐瓦鲁可能因气候变暖被海水淹没》,中国新闻网,2011 年 9 月 26 日, http://www.chinanews.com/gj/2011/09 - 26/3354277.shtml。

③ John Connel, "Vulnerabel Islands: Climate Change, Tectonic Change, And Changing Livelihoods in the Western Pacific", The Contemporary Pacific, Vol. 27, No. 1, 2015, p. 20.

④ 鲁鹏、宋秀琚:《澳大利亚与南太平洋地区主义》,《太平洋学报》2014 年第 1 期,第 62 页。

⑤ Pamela S. Chasek, "Margins of Power: Coalition Building and Coalition Maintenance of the South Pacific Island States and the Alliance of Small Island States", Review of European Community and International Environmental Law, Vol. 14, No. 2, Aug. 12, 2005, p. 125.

◇ 国际关系若干问题研究

殊性决定了中国与其交往既不同于中国与其他大国的交往,也不同于中国与其他发展中国家的交往。

二、南太平洋地区的博弈态势与共建"一带一路"倡议面临的挑战

长期以来,南太平洋岛国被视为国际政治舞台的边缘地带,远离世界政治经济中心,较少涉及传统大国的核心利益。但从地理位置方面来看,南太平洋地区连接太平洋和印度洋,处于太平洋的战略要地,并拥有优良的港口,是亚太各国南北互通、东西交往的重要物资补给点。特别是近年来,美国强调"重返亚太",日本实施"南进"计划,澳大利亚试图巩固在该地区的领导地位,甚至新加坡、印度、印度尼西亚、欧盟等国家和地区组织对该地区也多有诉求并有一定影响力,该地区各方博弈态势加剧。

第一,"权力转移"带来的结构性矛盾加剧。现实主义理论认为,新兴崛起大国势必对守成大国构成战略挑战,而在"权力转移"状态下,这种关系走向对抗或冲突的概率很大。在这一理论的主导下,许多美国学者认为,中美在南太平洋地区存在潜在的竞争关系。近年来美国加大了对南太平洋岛国的重视程度。[1] 在美国的八大战略岛屿中,南太平洋占了六个。美国以

---

[1] 张颖:《中国在南太平洋地区的战略选择:视角、动因与路径》,《当代世界与社会主义》2016年第6期,第131—139页。

第二部分　区域与次区域合作　◇

这些战略岛屿为中继站和基地，实现其全球打击的目的。[1] 同时，美国也不断强化对该地区的渗透。美国自 1966 年开始向密克罗尼西亚、马绍尔群岛和帕劳派遣和平队，至今已遍布除瑙鲁以外的国家和地区。[2] 尽管冷战后，美国曾一度弱化南太平洋岛国的战略地位，并减少对其援助，关闭了部分使馆，但从特朗普执政以来，美国提出"一个自由开放的印太"的概念[3]，并将"印太"概念正式写入《美国国家安全战略报告》和《国防战略报告》，使"印太"从概念上升为地区战略。美国试图通过美日澳印非正式联盟，重新强化其在包括南太平洋岛国等"印太"地区的存在。2018 年末，美国更是试图扩建在巴布亚新几内亚的海军基地。美国利用"印太战略"冲抵中国共建"一带一路"倡议在南太平洋地区实施的态势越来越明显。

第二，澳大利亚一直力图维护在次区域的领导地位。长久以来，澳大利亚和新西兰在南太平洋地区的国际秩序构建方面处于明显的领导地位。[4] 甚至有学者认为，"澳大利亚应该在

---

[1] 梁甲瑞：《试析大国何以对南太平洋地区的海上战略通道展开争夺》，《理论月刊》2016 年第 5 期，第 166—171 页。

[2] 吕桂霞：《"和平队"在太平洋岛国的活动研究：以斐济为例》，《聊城大学学报（社会科学版）》2017 年第 2 期，第 60 页。

[3] Rex W. Tillerson, "Defining Our Relationship with India for the Next Century: An Address by U. S. Secretary of State Rex Tiller‑Son", Center for Strategic & International Studies, Oct. 18, 2017, https://www.csis.org/events/defining-our-relationship-india-next-century-address-us-secretary-state-rex-tillerson.

[4] Sandra Tarte, "Regionalism and Changing Regional Order in the Pacific Islands", Asia & the Pacific Policy Studies, Vol. 1, No. 2, 2014, pp. 312–324.

◇　国际关系若干问题研究

'印太'地区出现新秩序时起到重要的领导作用"。① 事实上，澳大利亚、新西兰不仅能够主导和影响南太平洋岛国的政策和行动，而且也向作为南太平洋岛国主要合作机制的太平洋岛国论坛秘书处及其相关机构的运营预算提供大量资金。澳大利亚在南太平洋地区的利益较为明确。一是保持地区的安全稳定。澳大利亚在2013年发表的首个《国家战略报告》就曾明确指出："太平洋岛国地区的安全、稳定与经济繁荣对澳大利亚具有持久的重要性。"② 二是维护其在南太平洋地区的经济利益。澳大利亚政府强调："澳大利亚作为本地区的中心，将继续担任该地区经济与外交支持的源泉，必要时也要提供军事上的支持。"③ 近年来，中国与南太平洋岛国合作不断深化，此消彼长，澳大利亚与南太平洋岛国的经贸关系尽管仍处于绝对领先地位，但却呈逐年下降的趋势，中国与澳大利亚在这一地区的经济利益由此存在着潜在的冲突。同时澳大利亚和美国是传统盟友，有着一致的安全利益。随着中美在南太平洋地区博弈态势加剧，澳大利亚在中美之间有意识地选择了美国，并指责中国对南太

---

① Matthew Sussex, Michael Clark, "One Belt, One Road, Multiple Rules – Based Orders", Australian National University, Nov. 2017, https://nsc.crawford.anu.edu.au/sites/default/files/publi - cation/nsc_crawford_anu_edu_au/2017 - 11/pop7_one_belt_many_or - ders.pdf.

② "Strong and Secure: A Strategy for Australia's National Security", Department of the Prime Minister and Cabinet, Australian Government, p. 38, https://www.files.ethz.ch/isn/167267/Australia%20A%20Strategy%20for%20National%20Securit.pdf.

③ "2013 Defence White Paper", Australian Government Department of Defense, p. 15, http://www.defence.gov.au/whitepaper/2013/docs/WP_2013_web.pdf.

平洋岛国的援助带来"不可持续的债务"。① 近年来，随着澳大利亚政府更迭，其对华态度发生了很大变化。共建"一带一路"倡议提出后，尽管有澳大利亚学者认为这对"推进国家利益、创造性的澳大利亚外交提供了机会"，"澳大利亚也可以利用'一带一路'来加强与中国迅速增长的经济的联通"，"从长远看，太平洋岛国会从共建'一带一路'倡议中获益"；② 但也有学者认为这是一个"地缘政治计划"③，兼具经济性质和战略性质④。《澳大利亚时代报》网站在 2018 年 2 月 22 日发表的署名文章更是将其视为挑战。⑤

南太平洋地区虽然不是主要大国的战略重心，也不涉及主要大国的核心利益，但各方在这一地区均有战略需求。随着南太平洋岛国的战略地位愈益凸显，中国的共建"一带一路"倡

---

① 一言刚：《南太平洋岛国以平衡外交获取美中援助》，《读卖新闻》2018 年 11 月 19 日，转引自《参考消息》2018 年 11 月 20 日。

② James Laurenceson, Simone van Nieuwenhuizen and Elena Collinson, "Decision Time: Australia's Engagement with China's Belt and Road Initiative", Australia – China Relations Institute, Nov., 2017, https://www.australiachinarelations.org/sites/default/files/20171109%20ACRI%20Research_Decision%20Time_Australia's%20engagement%20with%20China's%20Belt%20and%20Road%20Initiative.pdf.

③ Peter Ca, "Understanding China's Belt and Road Initiative", Lowy Institute, Mar., 2017, p. 3, https://www.lowyinstitute.org/sites/default/files/documents/Understanding%20China%E2%80%99s%20Belt%20and%20Road%20Initiative_WEB_1.pdf.

④ Geoff Wade, "China's 'One Belt, One Road' Initiative", Parliament of Australia, https://www.aph.gov.au/About_Parliament/Parliamentary_Departments/Parliamentary_Library/pubs/Briefing-Book45p/ChinasRoad.

⑤ David Wore, "China Challenge 'More Subtle and Sophisti-cated' than the Threat of War", The Age, Feb. 22, 2018, https://www.theage.com.au/politics/federal/china-challenge-more-subtle-and-sophisticated-than-the-threat-of-war-20180222-p4z19h.html.

议在南太平洋岛国实施过程中既需要尊重该地区原有的势力均衡,与该地区开展次区域合作和战略对接,同时也需要加强与该区域利益相关方的沟通,推动各方认同中国的合作共赢理念,并让该地区各国真切感受到共建"一带一路"倡议给共建国家带来的实际利益。

三、与南太平洋岛国的合作路径

从20世纪70年代开始,中国与包括斐济、萨摩亚、巴布亚新几内亚、瓦努阿图、密克罗尼西亚、库克群岛等在内的太平洋岛国陆续建交。长期以来,中国与南太平洋岛国交往较少。近年来,随着中国综合国力的增强和国际地位的不断提高,中国同南太平洋岛国关系不断升温,特别是中国不附加任何条件的援助受到多个南太平洋岛国的欢迎,中国与太平洋岛国设立了"中国—太平洋岛国论坛""中国—太平洋岛国经济技术合作论坛"等对话沟通平台,并支持旨在推进区域合作进程的"太平洋计划"。随着共建"一带一路"倡议的提出,南太平洋岛国已成为中国推进"海上丝绸之路"建设的重要目标国。如何根据南太平洋岛国的小岛屿发展中国家的特点,探索中国与南太平洋岛国的合作路径,实现战略对接和制度融合,是推动共建"一带一路"倡议在该地区有效实施的关键所在。

(一)充分发挥多边外交和首脑外交的作用

考虑到南太平洋岛国普遍为微型国家且距中国遥远,中国发展与南太平洋岛国的关系应优先考虑利用多边舞台,实施多边外交。成立于 2000 年的太平洋岛国论坛①是南太平洋岛国因应自身的特殊性和全球化的发展探索地区一体化的重要多边平台。中国自 1989 年成为南太平洋论坛首批对话关系伙伴后,双方关系发展迅猛。2006 年,国务院总理温家宝访问斐济,开启了"中国—太平洋岛国经济发展合作论坛"。2010 年,中国政府设立"中国—南太平洋论坛合作基金"②。考虑到太平洋岛国论坛在该区域的政治影响力,中国在这一框架下与南太平洋岛国开展多边合作是一条行之有效的路径。与此同时,利用博鳌亚洲论坛开展对南太平洋岛国的多边外交也是发展中国与南太平洋岛国关系的重要途径。联合国、世界气候大会等也被证明是与南太平洋岛国实现互动的重要多边舞台。尽管南太平洋岛国国家面积较小,人口较少,影响力有限,但其国家众多,有着数量上的优势,在联合国大会掌握有 7.25% 的票数。③ 在联合国的决议过程中,特别是涉及环境与海洋等问题,南太平洋岛国由于利益趋近,往往会一致投票,形成一个小集团。加强与

---

① 1971 年,澳大利亚、新西兰、斐济、汤加、库克群岛以及西萨摩亚的首脑召开第一届南太平洋论坛峰会,成立"南太平洋论坛"(简称 SPF)。2000 年 10 月,原来的"南太平洋论坛"升级为"太平洋岛国论坛",成员国扩大为 16 个,2 个联系国及 11 个观察席位。2002 年,论坛成员国共同签订了《太平洋紧密经济关系协定》(简称 PACER)。2003 年 4 月,南太平洋地区第一个自由贸易区开始运作。2004 年,太平洋岛国论坛提出"太平洋计划",旨在推进太平洋地区的一体化进程,促进和扩大南太平洋地区在经济增长、可持续发展、良政建设以及安全等领域的合作。

② 《太平洋岛国论坛》,外交部网站,2018 年 7 月,https://www.fmprc.gov.cn/web/wjb_673085/zzjg_673183/bmdyzs_673629/dqzz_673633/tpydg_673635/gk_673637/。

③ 汪诗明、王艳芬:《论习近平访问太平洋岛国的重要历史意义》,《人民论坛·学术前沿》2015 年第 24 期,第 56 页。

南太平洋岛国在联合国等多边机制的合作，认真评估南太平洋岛国在多边政治中的影响力，不断通过多边舞台加强与其互动，这对于推动中国与南太平洋岛国等微型国家的关系，尤显重要。

考虑到南太平洋岛国的国体、政体和国家治理体系，中国发展与南太平洋岛国的关系还应优先考虑首脑外交，加强顶层设计。首脑外交是由国家元首或政府首脑以多种方式直接或间接出面参与和处理对外事务的外交方式。[①] 对国家间关系的发展具有至关重要的作用。2014 年，习近平主席在访问澳大利亚与新西兰后对斐济进行了国事访问，并与 8 个南太平洋建交国领导人进行了双边对话和集体会晤，共同决定建立"相互尊重、共同发展的战略伙伴关系"[②]。习近平主席利用这次出访，针对每个岛国不同的政治和经济发展诉求，与多个岛国签署了多份双边合作协议[③]，全面提升了中国与南太平洋岛国的关系。此后，中国与南太平洋建交国领导人互动频繁。2015 年 7 月 14—24 日，斐济总理乔萨亚·沃伦盖·姆拜尼马拉马对中国进行正式访问。2017 年 5 月，姆拜尼马拉马总理应邀赴华出席"一带一路"国际合作高峰论坛。2018 年 2—3 月，汤加王国国王图普六世访华。2018 年 9 月 18 日，习近平主席在北京人民大会堂会见了来华出席夏季达沃斯论坛的萨摩亚总理图伊拉埃帕·萨伊莱莱·马利埃莱额奥伊。在获悉巴布亚新几内亚将主办 APEC 会

[①] 张颖：《中国对非首脑外交及其启示》，《现代国际关系》2016 年第 2 期，第 40 页。

[②] 王玮等：《中国外交全球战略新布局——习近平主席出访太平洋岛国的重大意义》，《太平洋学报》2015 年第 1 期，第 3 页。

[③] 王玮等：《中国外交全球战略新布局——习近平主席出访太平洋岛国的重大意义》，《太平洋学报》2015 年第 1 期，第 5—6 页。

议后，中国积极响应，习近平主席成为第一个表态出席的领导人。巴布亚新几内亚也表示，愿与中国在太平洋岛国论坛、亚太经合组织和联合国等地区和国际组织中加强沟通协调，[①] 中国与巴布亚新几内亚的关系更进一步。2018 年 11 月 15—21 日，习近平出席在巴布亚新几内亚首都莫尔斯比港举行的亚太经合组织第二十六次领导人非正式会议，并同南太平洋建交国进行了集体会晤，这是习近平主席时隔四年再次同南太平洋建交国领导人会晤，决定将双方关系提升为相互尊重、共同发展的全面战略伙伴关系。访问期间，中国还同各个建交国签署了共建"一带一路"合作文件。习近平主席和巴布亚新几内亚总理奥尼尔还一致决定建立中巴新相互尊重、共同发展的全面战略伙伴关系。通过首脑外交，中国与南太平洋岛国拉近了距离，明确了方向，深化了双边合作，这为共建"一带一路"倡议在南太平洋地区的顺利实施提供了有力保障。中国今后可继续建立和加强领导人峰会等制度，推动与南太平洋岛国首脑外交的制度化和机制化建设。

（二）重视援助效果评估，实现精准援助

近年来，中国与南太平洋岛国的经贸关系发展迅速，双边贸易额不断增长。2017 年，中国和南太平洋岛国之间的贸易额达到 72.5 亿美元。美国国会咨询机构——美中经济与安全评估

[①]《巴新外交部长高度评价中巴新关系》，中国驻巴布亚新几内亚大使馆经济商务参赞处，2017 年 10 月 27 日，http://pg.Mofcom.gov.cn/article/jmxw/201710/20171002660308.shtml。

委员会报告称,这一金额达到十年前的四倍以上,中国已成为该地区的最大贸易对象国。① 根据中国海关数据显示,南太平洋岛国对中国出口主要商品为木材、海产品、农作物,而中国对这些国家出口的主要商品构成为电机、电气、核反应堆、锅炉、机械器具及零件等。② 太平洋岛国论坛巴布亚新几内亚首席代表大卫·莫里斯表示,虽然巴布亚新几内亚与澳大利亚、新西兰建立了完善的贸易体系,但中国正逐渐成为其重要的贸易合作伙伴。③ 尽管如此,由于小岛屿国家的特殊性,中国与南太平洋岛国的经贸关系很难实现平衡,双方的经济关系主要还是体现在中国对南太平洋岛国的援助方面。

根据相关报告,自2011年以来,中国对南太平洋地区的援助和优惠贷款达到13亿美元,超过新西兰,成为仅次于澳大利亚的对南太平洋岛国的第二大援助国。④ 援助内容主要涉及人力资源培训、文化交流、医疗卫生、紧急灾难救助等,并有数额较大的无偿援助。其中援建工程超过30项,涉及公路、桥梁、水电站、医疗场馆、示范农村、电子政务等。⑤ 此外,中国还与澳大利亚、新西兰等国合作,建立三方发展援助项目,促进南

---

① 《中国积极支援南太平洋岛国以对抗美澳》,《读卖新闻》2018年11月17日,转引自《参考消息》2018年11月18日。

② 《贸易报告》,商务部网站,https://coun-tryreport.mofcom.gov.cn/record/view110209.asp?news_id=56450。

③ 《"一带一路"成南太平洋地区发展新机遇》,新浪网,2016年5月13日,http://news.sina.com.cn/gn/2016-05-13/detatl-if-xsehvu8827791.d.html。

④ 《中国拉拢峰会东道主,在南太平洋留下自己的印记》,美国《华尔街日报》网站,2018年11月16日,转引自《参考消息》2018年11月18日。

⑤ 梁甲瑞、高文胜:《中美南太平洋地区的博弈态势、动因及手段》,《太平洋学报》2017年第6期,第17—32页。

太平洋岛国的经济发展。例如，援助汤加综合办公大楼①，无偿援助斐济斯丁森桥和瓦图瓦卡桥项目，和新西兰共同帮助库克群岛改善供水设施等。这些项目的开展，使得南太平洋岛国对华认识有了进一步改变。② 太平洋岛国论坛轮值主席、萨摩亚总理图伊拉埃帕就曾表示，萨摩亚欢迎中国援助，中国对萨摩亚所有援建项目均系应萨方要求实施并得到了很好利用。③ 姆拜尼马拉马总理也表示，中国政府一直是斐济坚定的发展伙伴，感谢中国政府对斐济的援助。④

南太平洋岛国加强基础设施建设的意愿普遍非常强烈，但使用率不足使中国对南太平洋岛国的基础设施援助低于预期效果。基础设施投入大、回收周期长，通常需要政府大力扶持，然而南太平洋岛国多数国家国力较弱，本国政府在技术和资金上都无力进行大规模投资。长期以来，基础设施援助，始终是中国对南太平洋岛国援助的重中之重。《推动共建丝绸之路经济带和21世纪海上丝绸之路的愿景与行动》指出："基础设施互联互通是'一带一路'建设的优先领域。"⑤ 中国为斐济修建的

---

① 《援汤加政府综合办公大楼项目签署交接证书》，中国驻汤加王国大使馆经济商务参赞处网站，2017年6月22日，http://to.mofcom.gov.cn/article/jmxw/201706/20170602597415.shtml。

② 喻常森主编：《大洋洲发展报告（2014—2015）》，社会科学文献出版社2015年版，第12页。

③ 《"大而无用"？你可能对中国对外援助一无所知》，中非合作论坛网站，2018年1月29日，http://www.fmprc.gov.cn/zflt/chn/zxxx/t1529763.htm。

④ 《中国援斐济斯丁森桥和瓦图瓦卡桥项目举行通车仪式》，商务部网站，2018年1月11日，http://fj.mofcom.gov.cn/article/jmxw/201801/20180102697342.shtml。

⑤ 《推动共建丝绸之路经济带和21世纪海上丝绸之路的愿景与行动》，《人民日报》，2015年3月29日。

◇ 国际关系若干问题研究

道路、桥梁、广场、水电站、医院等项目对拉动斐济经济增长发挥了重要作用。① 其中，纳务瓦医院被当地居民称为"斐济最好的医院"。② 中国还为汤加援建了综合办公大楼、南太运动会体育场馆、太阳能发电项目，援助了瓦努阿图国家会议中心、公路、码头、总理府办公楼、体育场等多个项目。③ 援助的萨摩亚残疾人培训中心、医疗中心、体育设施维修改造等项目，确保了世界水平的新西兰—萨摩亚橄榄球赛按期举行，并为英联邦青年运动会如期在萨摩亚举办创造了良好条件。④ 中国投资6亿美元建设的巴布亚新几内亚拉姆二期水电站项目将提升其全国发电能力的36%。但中国对南太平洋岛国基础设施开展的部分援助，由于该地区人口少、分布散等原因，援助效果受到影响。

---

① 《张平大使与斐济总理出席中国政府优贷项目纳布瓦鲁公路通车仪式》，中国驻斐济大使馆经济商务参赞处网站，2016年1月15日，http://fj.mofcom.gov.cn/article/jmxw/201601/20160101234963.shtml。

② 《中国援斐纳务瓦医院举行启动仪式》，中国驻斐济大使馆经济商务参赞处网站，2015年10月26日，http://yws.mofcom.gov.cn/article/b/201510/20151001146556.shtml。

③ 《"一带一路"，太平洋岛国新机遇》，大众网，2017年5月27日，http://www.dzwww.com/xinwen/guojixinwen/201705/t20170527_15975647.htm。

④ 《援萨摩亚体育设施维修改造项目顺利移交》，中国驻萨摩亚使馆经济商务参赞处网站，2015年12月21日，http://yws.mofcom.gov.cn/article/b/201512/20151201214898.shtml。

表9　对南太平洋岛国援助列前三位的国家（2006—2013年）

（单位：百万美元）

国家	第一位	第二位	第三位
巴布亚新几内亚	澳大利亚 3016.73	中国 251.45	欧盟 195.91
瓦努阿图	澳大利亚 346.11	新西兰 97.03	日本 86.55
斐济	中国 332.96	澳大利亚 252.24	日本 116.79
密克罗尼西亚	美国 808.34	日本 104.44	澳大利亚 21.1
库克群岛	新西兰 75.19	中国 32.92	澳大利亚 26.80
汤加	澳大利亚 157.74	中国 130.49	新西兰 90.05

资料来源："Chinese Aid in the Pacific", Lowy Institute for International Policy, Feb., 2015, www.lowyinstitute.org/chinese-aid-map。

需要指出的是，中国对南太平洋岛国的援助，不附带任何政治条件，不干涉受援国内政，是真诚地帮助受援国增强自主发展能力。在融资过程中，中方会对援建项目进行严格的经济技术评估，避免受援国承受过大的债务负担。同时对可通过项目本身收益还款的项目予以优先考虑，以保障受援国债务偿还的可持续性。但是，由此也出现对南太平洋岛国的援助资金被当地一些官员挪用等问题。为解决这一问题，在今后对南太平洋岛国的援助中，中国应减少资金援助，增加项目和技术援助，并在项目评估中增强民众受益率的比重，关注农村发展。通过精准援助，将援助内容与对方需求精准对接，让南太平洋岛国民众亲身感受到中国援助带来的好处。

由于南太平洋岛国的小岛屿国家属性,中国与南太平洋岛国的经贸关系很难对相互关系起到决定性影响。但对于南太平洋岛国的援助,特别是基础设施的援助,不但可以切实改善居民生活,创造就业机会,同时通过建设基础设施,可以向民众释放善意,提高和改善中国在该地区的国家形象。在一定意义上说,援助是推动中国与南太平洋岛国关系的重要动力,但由于南太平洋岛国的需求总量不大,这就需要中国在援助南太平洋岛国时,调整援助模式,强调对援助效果的评估,使援助能真正用于改善南太平洋岛国的经济和民众生活水平,从而夯实中国与南太平洋岛国的关系。

(三)加强人文交流,开展公共外交

在推动共建"一带一路"倡议在南太平洋岛国实施过程中,人文交流具有举足轻重的地位。由于小岛屿发展中国家在政治、经济等方面的弱势地位,要真正实现南太平洋岛国对中国命运共同体理念的认同,首先需要实现人与人之间的互动交流,具体而言,就是加强政府和民众对南太平洋岛国的公共外交。与传统的政府游说和施压方式不同,公共外交具有灵活性、亲民性、弱功利性的特点,通过人与人的交往,改善国家形象,获得理解支持,从而维护国家的利益。在与南太平洋岛国的人文交流中,公共外交不仅是一种外交形式或外交手段,也是人文交流中最重要的方式之一。

推动中国居民赴南太地区旅游是对南太平洋岛国进行公共外交的重要内容,也是推动共建"一带一路"倡议在南太平洋

岛国实施的直接而有效的形式。近年来，中国的旅游业蓬勃发展，而南太平洋岛国既有丰富的海洋资源，又有独特的风土人情，对中国游客具有很大的吸引力。据太平洋岛国贸易与投资专员署统计，南太平洋岛国国民经济的12%—70%是旅游业，是该地区国家的主要收入。目前，斐济等7个南太平洋岛国被中国列为公民组团出境旅游目的地。根据南太平洋旅游组织统计，2013年南太平洋岛国接待国际游客约170万人，旅游收入25亿美元。但是由于基础设施、航班通航能力和旅游服务方面的不足，海洋或海岛旅游缺乏酒店、导游等基础性资源，中国对南太平洋岛国的旅游还停留在较低水平。尽管如此，仅从2009年至2013年，中国前往斐济的游客人数就从不到4000人增长到2.3万人，2014年进一步增长到2.8万人，2015年达到4万人。2018年第一季度，中国赴南太平洋岛国旅游的人数达到4002人，比2017年最后一个季度增长17.6%，其中到斐济旅游的中国游客增长了29.4%。[1] 今后中国应在继续推动南太平洋岛国参加由中国国家旅游局主办的"中国国际旅游交易会"的同时，推动南太平洋岛国免签证入境，进一步促进当地旅游业发展。旅游是南太平洋岛国的支柱产业，对于南太平洋岛国的经济发展有着至关重要的作用。但南太平洋岛国多数国家的旅游设施不够完善，是发展旅游业的重要障碍。

从发展与南太平洋岛国的关系角度考虑，旅游不仅涉及中

---

[1] South Pacific Tourism Organisation, "Quarterly Review of Tourist Arrivals in Pacific Island Countries", South Pacific Tourism Organisation, Mar., 2018, https://corporate.southpacificislands.travel/wp-content/uploads/2017/02/Quarter-1-2018-Tourist-Arrivals-Review-F.pdf.

国与南太平洋岛国的经济关系，也涉及双方的人文交流。从某种角度说，这种人文交流的重要性更甚于经济交往。以公共外交的视角看，每一位游客都是中国对南太平洋岛国公共外交的实施者，也都代表了中国的国家形象。由于南太平洋岛国的人口少、国土分散等特点，岛国民众的第一印象和直接印象有时会大于政治、经济关系带来的影响，因此有着极为重要的作用。

教育培训是各国人文交流的传统内容。与其他地区不同，南太平洋岛国高校受生源不足的影响，共用一所大学——南太平洋大学。对此，中国应不断强化在教育方面的人文交流。事实上，中国国家汉办已向瓦努阿图、汤加、斐济、萨摩亚和密克罗尼西亚等国派遣汉语教师和志愿者。2012年，南太平洋岛国首家孔子学院在斐济建立。2014年，斐济孔子学院在瓦努阿图设立教学点。中国政府还向这些国家提供人力资源培训的机会，如中国面向瓦努阿图举办了上百期人力资源培训班、研修班及硕士研究生项目。2018年汤加王国国王图普六世访华期间，双方专门签署了《中华人民共和国教育部与汤加王国教育部关于教育交流与合作的谅解备忘录》等合作文件，希望进一步加强教育等领域的交流合作。[①]

公共外交是人文交流的重要方式，今后中国对南太平洋岛国应充分发挥公共外交的作用。"请进来"应重点关注精英阶层，推动其对华的深度认知；"走出去"则应重点关注农村和平民，使普通民众了解中国。通过差异化策略，有意识地增强民

---

① 《中华人民共和国和汤加王国联合新闻公报》，外交部网站，2018年3月1日，http://www.fmprc.gov.cn/web/ziliao_674904/1179_674909/t1538735.shtml。

众对中国的认知,提高中国在南太平洋岛国的形象。"国之交在于民相亲",由于南太平洋岛国人口较少,人文交流的影响相对而言更容易扩散和传播,其意义也显得更为重要。

(四)促进海洋与环境合作,共建蓝色伙伴关系

海洋与环境问题是南太平洋岛国十分关注的问题。今后,中国应与南太平洋岛国在保护海洋环境、应对海洋灾害等方面进行更多的合作,将中国与南太平洋地区国家关系打造为积极务实的蓝色伙伴关系,铸造可持续发展的"蓝色引擎"。[①]

近年来,由于全球气候变暖,海平面上升对小岛屿国家的影响日趋严重。在应对气候变化方面,除了海平面上升的首要威胁外[②],南太平洋岛国对气候有独特诉求,其需求也较为多元。争取更多的国际援助、加强环境保护是南太平洋岛国的重要目标。[③] 中国在国际上始终支持南太平洋岛国在海洋保护和气候变化等方面的合理诉求,并积极向包括萨摩亚在内的南太平洋建交国提供力所能及的帮助和支持,共同应对气候变化挑战。2013年5月,习近平主席在会见斐济总理姆拜尼马拉马时明确

[①] 《"一带一路"建设海上合作设想》,新华网,2017年6月20日,http://www.xinhuanet.com/politics/2017-06/20/c_1121176798.htm。

[②] John Connell, "Vulnerable Islands: Climate Change, Tectonic Change, And Changing Livelihoods in the Western Pacific", The Con-temporary Pacific, Vol. 27, No. 1, 2015, pp. 3-5.

[③] 曹亚斌:《全球气候谈判中的小岛屿国家联盟》,《现代国际关系》2011年第8期,第40页。

表示支持斐济在气候变化、海洋资源保护等问题上的合理诉求。①《中国的对外援助（2014）》白皮书明确指出，"承诺对最不发达国家、小岛屿国家及非洲国家加大环保领域的援助投入"。② 2014 年 11 月，习近平主席在斐济楠迪会见萨摩亚总理图伊拉埃帕时表示，中方愿意帮助萨摩亚发展清洁能源，应对气候变化。会见后，两国领导人共同见证了中国发展与改革委员会与萨摩亚自然资源和环境部《关于应对气候变化物资赠送的谅解备忘录》的正式签署。2017 年金砖国家领导人厦门峰会上，习近平主席宣布向南南合作援助基金增资 5 亿美元，专门设立南太平洋岛国气候变化专项奖学金和奖教金。截至 2016 年 9 月 22 日，中国政府承诺赠送的 2500 套 LED 路灯、500 套太阳能 LED 路灯和 1.8 万个 LED 灯管已经全部运抵萨摩亚。其中，部分 LED 路灯已经安装在萨摩亚首都阿皮亚市中心的儿童游乐场，为城市的夜晚带来了亮色，为孩子们和家长的休闲娱乐带来了方便。来自中国浙江的专业技术人员也专程赴萨摩亚为萨摩亚自然资源和环境部的相关人员提供了太阳能 LED 路灯安装的专业培训。③ 气候变化和可持续发展等问题是中国在南太平洋岛国重点关注的领域，清洁能源、海洋科研等将是双方合作的

---

① 《习近平会见斐济总理姆拜尼马拉马》，《人民日报》，2013 年 5 月 30 日。
② 《国务院新闻办发表〈中国的对外援助（2014）〉白皮书》，中国政府网，2014 年 7 月 10 日，https：//www.gov.cn/xinwen/2014/07/10/content_2715318.htm。
③ 《驻萨摩亚大使王雪峰在萨主流媒体发表署名文章〈中国和萨摩亚携手应对气候变化挑战〉宣传 G20 杭州峰会成果》，外交部网站，2016 年 9 月 26 日，https：//www.fmprc.gov.cn/web/dszlsjt_673036/t1400518.shtml。

新增长点。① 在海洋合作方面，南太平洋岛国的海洋资源本应是占据优势的产业，但其自主开发能力严重不足，海洋捕捞捕获量较少，捕捞方式陈旧。为此，中国应帮助南太平洋岛国充分利用特有的渔业资源，开展适度渔业捕捞，积极发展海洋科研，通过这种方式实现与南太平洋岛国的战略对接。

海洋与环境合作既是极具针对性的合作，也为中国与南太平洋岛国的合作提供了平等的议题和共赢的内容，使双方的合作方向更清晰，也更具有可持续性。中国应通过与"一带一路"共建国家的战略对接与合作，推动建立全方位、多层次、宽领域的蓝色伙伴关系，共建中国—大洋洲—南太平洋蓝色经济通道。

结　论

中国与南太平洋岛国同为发展中国家，中国始终强调愿意与南太平洋岛国在"一带一路"框架内拓展各领域合作。② 近年来，斐济、汤加、瓦努阿图、密克罗尼西亚、巴布亚新几内亚、萨摩亚、库克群岛和纽埃8个南太平洋岛国与中国建立了战略伙伴关系，这为中国推动共建"一带一路"倡议在该地区的实施提供了有利条件。但考虑到南太平洋岛国的特殊性以及南太平洋越来越成为大国博弈的重要地区，共建"一带一路"倡议在

---

① 《汪洋会见出席中国—太平洋岛国经济发展论坛外国政要》，中国政府网，2013年11月7日，http://www.gov.cn/ldhd/2013-11/07/content_2523827.htm。
② 《习近平会见建交太平洋岛国领导人》，央广网，2018年11月17日，http://china.cnr.cn/news/20181117/t20181117_524417924.shtml。

南太平洋地区的实施需要权衡各方需求，尊重地区势力的均衡，强调以合作共赢代替冲突对抗，反对要求太平洋岛国"选边站队"。在共建"一带一路"过程中，强调与该地区开展次区域合作和战略对接，维护以规则为基础的多边体制，推进亚太自贸区建设，反对单边主义和保护主义。同时，需要在加强基础设施建设的同时，有意识地调整援助模式，强化对援助效果的评估，以质量代替数量，重点关注援助的社会利益最大化；重视人文交流，推动公共外交，加强南太平洋岛国民众对中国的感性认知；加强环境与海洋合作，为双方交往提供可持续的内容。总之，只有让南太平洋岛国政府与人民亲身感受到共建"一带一路"倡议给他们带来的实际利益，才能增强中国在该地区的影响力；只有推动该地区的开放性，才能化解各方博弈带来的负面效应，共建"一带一路"倡议才能真正落地开花。

（本文原载于《太平洋学报》2019年第1期，原文章名为《试论"一带一路"倡议在南太平洋岛国的实施路径》）

战略文化视阈下美国对太平洋岛国的策略与路径

维护自身利益,是一国制定决策和战略选择的出发点。权力与利益之所以能发挥它们实际的作用,关键在于构成这两者的观念所发挥的作用。换言之,权力与利益的存在,实质上是建立在这些观念基础之上的。承认物质性不等于客观性,文化现象与权力、利益一样具有客观性和制约作用。[①] 本文将"战略文化"视为分析国家明确利益、制定决策及战略选择的重要视角。该领域自二战结束后在西方国际安全与战略研究领域迅速崛起,其研究重点在于深入探讨国家的战略行为与其历史文化背景之间的互动关系,旨在通过对思想和文化维度的深入解读,揭示国家决策与战略选择的深层次逻辑。彼得·卡赞斯坦在其研究中指出,战略文化的核心在于行为规范与国家认同,而这两者直接影响国家的战略决策过程。自1997年中国开始引进战略文化理论,国内学者便投入到对国家战略文化特征及其变迁

---

① [美]亚历山大·温特著,秦亚青译:《国际政治的社会理论》,上海人民出版社2008年版,第131—132页。

的系统分析中，致力于深入解读特定国家的战略选择与倾向。这一系列研究不仅深化了对国家战略决策过程的理解，也阐释了战略文化对区域甚至国际安全格局的重要影响。太平洋岛国[①]与中国本土距离较远，且位于太平洋深处，中国改革开放前双方往来有限。因此，就太平洋岛国的研究而言，国内学术界在相关研究机构的建设及学术成果产出上相对较少。太平洋岛国位于连接美国和澳大利亚的海上交通线上，拥有丰富的渔业和海上油气资源。在二战后的几十年中，由于美国的政治和军事优势，该地区常被比喻为"美国湖"[②]，突显出美国在地缘政治中的重要角色。由此，基于历史因素和现实利益的考量，美国形成了"战略拒止"，即以拒绝美国及其盟友的竞争对手或潜在敌人获取太平洋岛国的资源为特征的战略文化。[③] 在这一战略文化的影响下，美国对非西方国家与太平洋岛国合作以及介入地区事务的行为保持高度警惕，与太平洋岛国保持总体友好的政治关系。具体体现为支持该地区可持续经济发展和良好的经济社会治理、应对气候变化、与《自由联系条约》成员国密切合作、支持区域组织发挥作用、与澳大利亚和新西兰共同维护地区安全秩序等。近年来，随着美国将全球战略重心从欧洲向亚

---

① 太平洋岛国指具有独立主权的斐济、萨摩亚、巴布亚新几内亚、瓦努阿图、密克罗尼西亚联邦、库克群岛、汤加、纽埃、所罗门群岛、基里巴斯、帕劳、马绍尔群岛、图瓦卢、瑙鲁共14个国家。

② Ganeshwar Chand, "The United States and the Origins of the Trusteeship System", Review (Fernand Braudel Center), Vol. 14, No. 2, 1991, pp. 171–229.

③ Michael Sobolik, "America's Strategic Play in the Pacific", Nov. 24, 2020, https://www.afpc.org/publications/articles/americas-strategic-play-in-the-pacific.

太地区转移,太平洋岛国再次成为美国对外战略关注的重点之一。①

由于民族文化特性对历史上美国战略选择的影响较为明显,战略文化因素能够对竞争性国际体系下美国的战略选择发挥独特作用,并且美国的战略文化因素不仅影响本国战略选择,还通过与其他行为体互动影响变革时期的国际体系文化。有鉴于此,这里探究的是从战略文化视角出发,论述美国对太平洋岛国的战略调整与行动,并剖析其动因及局限性。

一、战略文化驱动下美国对太平洋岛国的策略

美国战略文化研究的根本目的是深入了解"对手"国家,研判其战略规划和行动策略,从而赢得战争,建立长期稳定的国际秩序。杰克·斯奈德于1977年首创"战略文化"一词,科林·格雷和戴维·琼斯进一步提出一国的战略文化是在历史经历、政治文化和地理位置等独特性变量的共同作用下形成的。虽然战略文化不能对一国战略决策具有决定性作用,但能为一国的战略选择和行动提供一种理论解释视角。战略文化不是提供一种因果性的解释逻辑,而是提供一种理解制定决策和战略选择、赋予战略行为意义的情境。②

---

① 梁甲瑞、高文胜:《中美南太平洋地区的博弈态势、动因及手段》,《太平洋学报》2017年第6期,第18页。
② 李永成:《美国行为的战略文化根源:科林·德维克的美国战略文化理论述评》,《国际论坛》2009年第6期,第47页。

（一）美国对太平洋岛国的战略文化特征

近代美国的战略文化，是在两次世界大战期间，其本土长久维持和平的背景下逐渐形成和发展的。周边缺少强大的邻国、本土被大西洋和太平洋所保护的地理优势，使得美国战略文化"植根于自由民主"。"自由民主"的信念以及建国后历次对外战争积累起的信心强化了"美国例外"的文化思维。[1] 在美国看来，它的对外战略主要由"道德的责任和意识形态"驱动，而非权力政治。[2] 为降低美国国内民众反对介入外部事务的阻力，以实现推广自由主义价值观的目标，美国对外采取"有限干预"的战略与行动。在"美国例外"和"有限干预"的基础上，美国出于扩展"势力范围"的目的，又对太平洋岛国提出"战略拒止"这一旨在追求排他性利益和绝对收益的战略文化。

一是"美国例外"。"美国例外"体现了美国"天定命运"的使命观，[3] 认为美国是全球"自由民主的灯塔"和"山巅之城"，[4] 代表了美国主流的身份认知及政治文化。作为战略文化特征，"美国例外"凸显了美国在全球政治角色的独特性，成为

---

[1] Colin Gray, "National Style in Strategy: The American Example", International Security, Vol. 6, No. 2, 1981, p. 26.

[2] Bradley Klein, "Hegemony and Strategic Culture: American Power Projection and Alliance Defence Politics", Review of International Studies, Vol. 14, No. 2, 1988, pp. 133–148.

[3] ［美］约翰·米尔斯海默著，王义桅、唐小松译：《大国政治的悲剧》，上海人民出版社2014年版，第370页。

[4] 王立新：《美国例外论与美国外交政策》，《南开学报（哲学社会科学版）》2006年第1期，第12—13页。

指导美国在国际事务中政治行动的客观真理和合法依据。[1]

二是"有限干预"。"有限干预"策略体现了美国对其托管地区实行务实、注重效率的实用主义。该策略的核心并非旨在根本改变托管区内主权国家或领地的政治体制、潜在的经济和社会架构,而是着眼于在美国逐步削减或完全撤出武装力量、将治理权和代理权移交给当地机构和公民的过程中,确保美国设定的具体、可量化的目标得以实现。[2]

三是"战略拒止"。"战略拒止"体现了美国崇尚实力的力量观,[3] 在这一战略文化的影响下,美国倾向于展示基于实力的国家威慑力,在制胜方式上重力轻谋,以对手的实力作为判定威胁的标准。[4] 一旦意识形态相左的非西方国家介入美国的"势力范围",或者在美国"势力范围"中的国家实行非西方的政治改革,美国将以"捍卫自由民主的价值观"为旗号,惩罚相关国家,重新恢复美国治下的全球乃至地区政治秩序。"战略拒止"实际上代表了美国对其"势力范围"的"严厉的监护"。[5]

---

[1] Gilmore, Jason, Penelope Sheets, and Charles Rowling, "Make no Exception, Save One: American Exceptionalism, the American Presidency, And the Age of Obama", Communication Monographs, Vol. 83, No. 4, 2016, pp. 505–520.

[2] Michael Desch, "America's Liberal Illiberalism: The Ideological Origins of Overreaction in U. S. Foreign Policy", International Security, Vol. 32, No. 1, p. 16.

[3] 赵景芳:《美国战略思维与霸权战略选择》,《太平洋学报》2011年第7期,第30页。

[4] [美]迈克尔·曼德尔鲍姆著,军事科学院外国军事研究部译:《国家的命运:19世纪和20世纪对国家安全的追求》,军事科学出版社1990年版,第127页。

[5] Michael Desch, "America's Liberal Illiberalism: The Ideological Origins of Overreaction in U. S. Foreign Policy", International Security, Vol. 32, No. 3, 2008, p. 25.

◇　国际关系若干问题研究

（二）美国对太平洋岛国的政策与行动特征

美国的战略文化对其在太平洋岛国的战略选择和行动产生了深远影响。二战结束后，随着太平洋岛国开始非殖民化，美国在联合国的支持下托管了这些原日本占领的岛屿，主动介入岛国非殖民化进程，并与盟国合作，共同规划南太平洋的安全秩序。在这一时期，一方面，美国出于维护军事同盟内部团结的目的，保护其盟友在太平洋岛国的特殊利益，特别是将澳大利亚和新西兰视为其在该区域的代理人。另一方面，基于地缘政治的考量，美国与《自由联系条约》签署国保持了紧密的双边关系。

冷战结束后，美国一度减少了对太平洋岛国的关注和资源投入，专注于中东地区的安全布局。然而，随着中国经济的快速崛起，美国调整了其全球战略，重新关注太平洋岛国，以"抗衡"中国影响力。拜登上任后，从特朗普的"美国优先"政策转向重视全球伙伴关系。在太平洋岛国，拜登政府加强了多边外交活动，并通过"蓝色太平洋伙伴"倡议，与包括日本、澳大利亚、英国和新西兰在内的盟友合作，加强对太平洋岛国的支持，提升这些国家的发展能力和应对挑战的韧性。[①]

第一，基于"美国例外"，美国需具备对"自由联系国"的"绝对权威"。美国通过对外援助、驻军、控制外交和国防权的

---

①　"Indo – Pacific Strategy of the United States", The White House, Feb., 2022, https：//www.whitehouse.gov/wp – content/uploads/2022/02/U. S. – Indo – Pacific – Strategy. pdf.

方式确保对"自由联系国"拥有"绝对权威"。"美国例外"的观念不仅是美国战略文化的核心，也是其国际行动的客观真理和合法指南。这一概念源于美国对自身作为"全球民主和自由的推动者"这一独特角色的认识，使得美国在处理国际事务，尤其是与"自由联系国"的关系时，坚信自己拥有并肩负着维护这些国家政治和经济独立的权利和责任。基于这种观念，《自由联系条约》成为实现"战略拒止"策略的重要工具。根据该条约，密克罗尼西亚联邦、马绍尔群岛和帕劳能够实行内部自治，但美国在这些国家的国防和安全事务上保留了完整的权力。这种策略不仅帮助"自由联系国"实现经济发展，也为美国提供了战略优势，如在关键地区部署军力，包括洲际弹道导弹和战略轰炸机。[1] 通过这些措施，美国不仅巩固了其全球领导地位，也在地缘政治上构建了重要支点，展现了"美国例外"在其全球战略中的深远影响。

第二，基于"有限干预"，美国寻求与太平洋岛国建立机制化合作关系。美国为构建符合本国利益的南太平洋地区秩序，一是巩固以美为首的联盟内部关系，二是向太平洋岛国供给以援助和安全为主的国际公共产品，存在不对称依赖。[2] 为此，一方面美国优先开展与盟国的小多边合作，承认澳大利亚和新西兰在南太平洋地区的特殊利益；另一方面，美国要与南太平洋地区的区域组织和太平洋岛国构建机制化的合作关系。2022 年

---

[1] "U. S. Policy in the Pacific Islands", United States Department of State, Sep. 29, 2010, https://2009 - 2017. state. gov/p/eap/rls/rm/2010/09/148318. htm.

[2] ［美］斯蒂芬·沃尔特著，周丕启译：《联盟的起源》，上海人民出版社 2018 年版，第 23—25 页。

9月发布的《美国—太平洋伙伴关系宣言》被认为是美国与太平洋岛国论坛建立基于"价值观认同"的伙伴关系的标志。区别于以往偏重于双边对话伙伴关系，美国为建立基于价值观的"蓝色太平洋伙伴"而明确规划了"21世纪美国—太平洋岛国伙伴关系路线图"，这是美国有史以来第一个关于太平洋岛国的伙伴关系战略。除此之外，美国首次向太平洋岛国论坛派驻特使以协调美国与论坛秘书处及成员国关系。

尽管近年来南太平洋地区主义发展以及美国重视与该地区的区域组织建立基于价值观的伙伴关系，但这并不意味着美国在该地区摒弃了冷战思维和单边主义行为。2022年的《美国国家安全战略》提出的"综合威慑"理念，针对"更有能力的竞争者和低于或高于传统冲突阈值的威胁行为"，美国的安全战略将不仅依靠常规力量和核威慑，更要保持和加强威慑，以便"塑造对手关于针对美国核心利益行动的风险和成本的认识"。① 中国与所罗门群岛关系的迅速发展引起了美国的过度反应。特别是两国在2022年4月19日签署的安全合作协议更是使美国反应强烈。美国旋即派出了由国家安全委员会印太协调员库尔特·坎贝尔和东亚及太平洋事务助理国务卿丹尼尔·克里滕布林克领导的代表团前往所罗门群岛。美国代表团在访问期间向所罗门群岛政府发出警告，称若该协议对美国或其盟友构成威胁，美国将不惜对太平洋岛国采取反制措施。

第三，基于"战略拒止"，对域外国家干预太平洋岛国事务

---

① "The Biden – Harris Administration's National Security Strategy", The White House, Oct. 12, 2022, https://www.whitehouse.gov/wp – content/uploads/2022/10/Biden – Harris – Administrations – National – Security – Strategy – 10. 2022. pdf.

第二部分　区域与次区域合作　◇

保持高度戒备。"战略拒止"一方面对外展示美国对太平洋岛国拥有绝对的政治和军事优势；另一方面，迫使太平洋岛国自觉接受美国的领导，降低与非西方国家合作的兴趣。鉴于此，美国明确表明即便《自由联系条约》的缔约方不再续约，但条约的军事条款仍将长期有效，直至美国单方面终止该条约。除此之外，"自由联系国"给予了美国无限期的"军事拒绝"特权，意味着即使在《自由联系条约》到期和美国军队离开后，也不允许来自其他国家的武装部队进入。[①] 为维护其在太平洋岛国的战略利益，美国在行动上有两个传统，一方面拒绝来自可能破坏该地区和平与安宁的其他国家部队进入，另一方面长期使用在太平洋岛国设立的军事基地。

　　作为一项与太平洋岛国交往的政治策略，美国努力处理好以下三方面的关系：一是确保与"自由联系国"长期维系特殊的政治外交关系，二是处理好与南太平洋地区大国的利益关系，三是协调好与南太平洋地区的区域组织的合作关系，"决心作为对话伙伴加强与太平洋岛国论坛接触"，"确定区域目标的优先次序，促进共同利益"。[②] 这三点是美国在太平洋岛国执行"战略拒止"的政策杠杆，在拜登政府体现为"综合威慑"，即"将各种能力紧密结合起来，以说服潜在对手，他们采取敌对行动

[①] Johnson, "The Pentagon Stalks Micronesia: Strategic Interests vs. Self-determination", Japan-Asia Quarterly Review, Vol. 14, No. 4, 1982, pp. 42-50.

[②] "U. S. Policy in the Pacific Islands", The White House, Sep. 29, 2010, https://2009-2017. state. gov/p/eap/rls/rm/2010/09/148318. htm.

◇　国际关系若干问题研究

的代价将高于收益"。①

为了巩固与太平洋岛国的伙伴关系，使之服膺美国"战略拒止"政策，政治上，美国首次制定太平洋岛国战略和"21世纪美国—太平洋岛国伙伴关系路线图"，②先后出台2021年《临时国家安全战略纲要》、2022年《美国国家安全战略》和《美国—太平洋伙伴关系宣言》，强调了"蓝色太平洋伙伴"倡议的成员国只能是太平洋岛国、美国的盟国及其伙伴国家；经济上，要求包括太平洋岛国在内的"印太"国家减少对中国供应链的依赖③；安全上，主要依赖于美英澳三边安全伙伴关系、"五眼联盟"成员国的机制化合作，并通过"四方安全对话"机制，与日本、印度和澳大利亚等伙伴国家提升"印太战略"的集体行动效能。④

---

①　"The Biden – Harris Administration's National Security Strategy", The White House, Oct. 12, 2022, https：//www.whitehouse.gov/wp – content/uploads/2022/10/Biden – Harris – Administrations – National – Security – Strategy – 10. 2022. pdf.

②　"Roadmap for a 21st – Century U. S. – Pacific Island Partnership", The White House, Sep. 29, 2022, https：//www.whitehouse.gov/briefing – room/statements – releases/2022/09/29/fact – sheet – roadmap – for – a – 21st – century – u – s – pacific – island – partnership/.

③　"Renewing America's Advantages：Interim National Security Guidance, National Security Council", The White House, Mar. 5, 2021, https：//www.whitehouse.gov/wp – content/uploads/2021/03/NSC – 1v2. pdf.

④　"The Biden – Harris Administration's National Security Strategy", The White House, Oct. 12, 2022, https：//www.whitehouse.gov/wp – content/uploads/2022/10/Biden – Harris – Administrations – National – Security – Strategy – 10. 2022. pdf.

二、战略文化驱动下美国对太平洋岛国的路径选择

美国制定决策和战略选择，深受其战略文化这一国家层次变量的深刻影响，它是推动美国行动的"隐形而强大"的力量。"美国例外"这一战略文化是美国制定对外战略思想的核心。二战结束后，美国在国内外事务中的界限变得愈发模糊。在海权理论的指导下，太平洋岛国对美国具有至关重要的地缘政治意义。因此，美国在不同的历史时期，积极强化与太平洋岛国的多边与双边政治联系，不断拓展其对外关系网络。尽管太平洋岛国地区的军事和政治价值远超其经济价值，美国在长期保持太平洋地区的军事优势的同时，也充分考虑到这些岛国在"第二岛链"中的战略位置及其与关岛基地的地理邻近性。在"有限干预"战略文化的框架下，美国避免直接介入太平洋岛国的内政，转而通过经济援助、教育支持和公共外交等手段，在该地区深化美国的政治意志和文化影响。从根本上说，受"战略拒止"文化的影响，美国参与国际事务时旨在追求排他性利益。即便太平洋岛国位于"世界岛"的边缘地带，远离美国的战略核心，美国仍然不允许他国的军事力量或政治影响靠近其本土或海外领土。因此，在对太平洋岛国的策略和行动中，美国始终追求绝对收益，展现出零和博弈特征。正是由于其独特的战略文化，美国在与太平洋岛国的互动中采取了独特的路径选择。

◇ 国际关系若干问题研究

（一）在区域合作框架下推进政治外交关系

美国对太平洋岛国采取的双轨外交策略体现了其对地区特性和国家利益的考量所导向的路径选择：一方面，通过首脑会晤强化高层关系，直接应对重大国际议题；另一方面，深化多边和双边合作，从扩大地区组织影响力到设立新的外交机构。这些举措不仅加深了与太平洋岛国的合作，也提升了美国在该区域的战略地位。

1. 发挥首脑外交独特作用

首脑外交可以避开外交上纠缠不清的技术细节，还可以通过个人之间的情谊，调和甚至在一定程度上化解国家之间的矛盾，在国际上具有独特的地位。①

冷战时期，太平洋岛国并不是美国对外政策优先考虑的对象，并且，美国历史上也没有与太平洋岛国领导人举行过官方的首脑会晤。直到冷战后期，时任美国总统乔治·布什于1990年在夏威夷举行美国—太平洋岛国首脑会议，与太平洋岛国领导人首次举行集体会晤。②奥巴马在2011年和2016年两次与太平洋岛国领导人举行集体会晤，在会议上表示将积极履行《巴黎协定》的关键承诺和义务，对太平洋岛国尤为关注的气候变

---

① 张颖：《中国在南太平洋地区的战略选择：视角、动因与路径》，《当代世界与社会主义》2016年第6期，第132页。
② "Remarks at the Conclusion of the Pacific Island Nations – United States Summit in Honolulu, Hawaii", The American Presidency Project, Oct. 27, 1990, https://www.presidency.ucsb.edu/documents/remarks – the – conclusion – the – pacific – island – nations – united – states – summit – honolulu – hawaii.

化和海洋环境问题给予政策和融资支持，并与太平洋岛国在打击跨国犯罪、非法捕捞等领域展开合作。① 在特朗普执政时期，美国在太平洋岛国实施安全、发展与治理多维策略，为此特朗普于2019年与"自由联系国"领导人围绕太平洋地区的安全合作举行集体会晤，在会议上重申了太平洋岛国中的战略支点国家对于美国"印太安全治理"的作用。②

拜登政府着重强化了与太平洋岛国在共同"抵御21世纪跨国威胁"方面开展区域合作的韧性，并致力于提升应对非传统安全问题的能力。这一时期，美国于2022年和2023年先后两次举行美国—太平洋岛国峰会。期间，美国特别关注与太平洋岛国在价值观和经济方面的紧密联系，继续扩大与太平洋岛国的合作范围。③

2. 扩展在太平洋岛国的对外关系网络

美国尤为重视与南太平洋地区组织的战略对接，以提升区域影响力。自1977年起，美国国会议员及州政府高层官员便开始对太平洋岛国展开一系列工作访问，从而开启了与这些岛国的双向业务交流与合作。美国国际开发署在斐济开设了太平洋

---

① "Pacific Leaders Meet with President Obama, Urging the U. S. to Ratify the Paris Agreement", Pacific Islands Forum Secretariat, Sep. 2, 2016, https://www.forumsec.org/2016/09/02/pacific-leaders-meet-with-president-obama-urging-the-u-s-to-ratify-the-paris-agreement-2/.

② Peni Komaisavai, "US President Focus on the Pacific Islands", May 23, 2019, https://islandsbusiness.com/news-break/us-president-donald-trump-increases-focus-on-the-pacific-islands/.

③ "U. S. Engagement in the Pacific Islands: 2022 Pacific Islands Conference of Leaders", The White House, Sep. 13, 2022, https://www.state.gov/u-s-engagement-in-the-pacific-islands-2022-pacific-islands-conference-of-leaders/.

岛国办事处，美国驻斐济领事办公室升级为驻斐济大使馆，美国国务院的太平洋岛屿事务办公室也同步升级为太平洋岛屿理事会。①

一方面，美国在2022年9月的首届美国—太平洋岛国峰会上首次承认太平洋岛国论坛在南太平洋地区的核心地位。更重要的是，为了与太平洋岛国建立"有效、开放和诚实的关系，以及基于相互问责和尊重的包容和持久的伙伴关系"，拜登政府启动了美国有史以来第一个关于太平洋岛国的"太平洋伙伴关系战略"，首次向太平洋岛国论坛派驻特使以协调美国与论坛秘书处及成员国关系。在2023年9月25日的第二届美国—太平洋岛国峰会上，美国总统拜登又宣布向太平洋岛国论坛提供50万美元加强该论坛的组织能力，深化与论坛的合作关系。

另一方面，美国通过认可主权并建立外交机构，加强了其在太平洋岛国的外交布局和双边关系。美国于2022年首次承认库克群岛和纽埃的主权地位，于2023年5月在所罗门群岛、汤加设立使馆，同年8月美国国际开发署在斐济设立太平洋地区特派团，以加强美国与太平洋岛国政策沟通与协调，并计划于2024年在瓦努阿图、库克群岛和纽埃设立使馆，在巴布亚新几内亚设立国家代表处。②

---

① U. S. Embassy in Fiji, "History of the U. S. and Fiji", The U. S. Embassy in Fiji, https：//fj. usembassy. gov/our – relationship/policy – history/io/.

② "Enhancing the U. S. – Pacific Islands Partnership", The White House, Sep. 25, 2023, https：//www. whitehouse. gov/briefing – room/statements – releases/2023/09/25/fact – sheet – enhancing – the – u – s – pacific – islands – partnership/.

（二）实施全面而多元的对外援助

美国对太平洋岛国的对外援助路径选择既全面又多元。不仅通过实施传统的军事支持和地缘政治行动加强了在太平洋岛国的外交存在，而且正通过扩大财政和技术援助规模支持太平洋岛国的发展，巩固并深化其在该地区的影响力和战略地位。

1. 支持太平洋岛国的渔业管理与海洋资源开发

《南太平洋金枪鱼条约》和与太平洋岛国论坛渔业局签订的相关经济援助协定一直是美国与太平洋岛国合作的基石。小布什政府承诺每年向《南太平洋金枪鱼条约》缔约国提供1800万美元用于经济发展。① 近十年来，美国支持南太平洋地区的区域组织在渔业管理方面发挥更重要的作用。作为"印太战略"中"太平洋承诺"的一部分，美国国际开发署于2020年为太平洋美洲基金提供1000万美元以制定和实施应对太平洋岛国发展挑战解决方案，并向南太平洋区域渔业活动提供200万美元，以建立渔业监测、控制和监视系统，并计划在未来十年内，与太平洋岛国论坛渔业局签订总价值6000万美元的新经济援助协议。② 此外，美国于2023年9月在"蓝色太平洋伙伴关系"框架下，提供500万美元用于资助渔业和海洋科学船，支持西太

---

① "U. S. Policy Toward South Pacific Island Nations, Including Australia and New Zealand", The United States Department of State, Mar. 15, 2007, https://2001 - 2009. state. gov/p/eap/rls/rm/2007/81777. htm.

② "U. S. Engagement in the Pacific Islands: 2022 Pacific Islands Conference of Leaders", The White House, Sep. 13, 2022, https://www. state. gov/u - s - engagement - in - the - pacific - islands - 2022 - pacific - islands - conference - of - leaders/.

平洋渔业委员会对该地区金枪鱼资源的可持续管理。①

2. 增强太平洋岛国全球气候变化的应对能力

在全球气候变化议题上，美国与太平洋岛国自冷战结束后的合作集中于减轻海平面上升所引发的自然灾害对岛国的经济和社会影响。继奥巴马之后，拜登政府继承并加强了此方面的国际合作承诺，尤其是在2021年重返《巴黎协定》后，2022年9月首届美国—太平洋岛国峰会上提出了更为全面和具体的气候变化应对措施。与往届政府相比，拜登政府的显著贡献在于首次制定了"21世纪美国—太平洋岛国伙伴关系路线图"，这不仅是对太平洋岛国气候行动的具体支持，也是美国在该地区战略布局的一部分。② 在2023年9月的第二届峰会上，美国进一步承诺投入800万美元以改善太平洋岛国的灾害信息服务，及1220万美元增强区域备灾能力，覆盖诸如气候适应、清洁能源转型、海洋资源管理、早期预警系统和气候融资等领域。③ 这一系列行动将"太平洋伙伴关系战略"融入更广泛的"印太战略"中，展示了美国在气候变化应对和区域合作中的领导地位。此外，美国鼓励盟国及"价值观认同"的伙伴国家加入，共同构

---

① "Enhancing the U. S. – Pacific Islands Partnership", The White House, Sep. 25, 2023, https：//www.whitehouse.gov/briefing-room/statements-releases/2023/09/25/fact-sheet-enhancing-the-u-s-pacific-islands-partnership/.

② "Roadmap for a 21st-Century U. S. – Pacific Island Partnership", The White House, Sep. 29, 2022. https：//www.whitehouse.gov/briefing-room/statements-releases/2022/09/29/fact-sheet-roadmap-for-a-21st-century-u-s-pacific-island-partnership/.

③ "Enhancing the U. S. – Pacific Islands Partnership", The White House, Sep. 25, 2023, https：//www.whitehouse.gov/briefing-room/statements-releases/2023/09/25/fact-sheet-enhancing-the-u-s-pacific-islands-partnership/.

建"蓝色太平洋伙伴关系",与太平洋岛国论坛的《2050年蓝色太平洋大陆战略》保持一致,共同面对气候挑战。

3. 协助太平洋岛国应对流行性疾病

巴布亚新几内亚是南太平洋地区艾滋病发病率最高的国家。美国国际开发署与巴布亚新几内亚政府及民间组织合作,提高患者的存活率,抑制患者体内的病毒载量,帮助创建政府与社会融资支持的艾滋病诊疗体系。2020年初新冠疫情暴发后,美国通过"新冠疫苗实施计划""四方疫苗伙伴关系"和"COVID-19全球行动计划"向太平洋岛国中的12个国家提供新冠疫苗。截至2022年9月10日,美国向太平洋岛国提供了约74万剂次疫苗和5700万美元的物资援助,帮助改善了600个偏远地区的卫生基础设施,培训了4500多名卫生工作者,并承诺未来将免费向"自由联系国"提供所需疫苗。①

4. 提升太平洋岛国跨国犯罪打击能力

由于斐济、汤加等太平洋岛国的地理位置介于毒品主要生产地和利润丰厚的毒品市场之间,因此国际贩毒集团将这些国家视为毒品贩运到澳大利亚和新西兰的中转站。为此,美国计划2023年提供300万美元用于加强斐济、基里巴斯、萨摩亚和瓦努阿图的边境官员培训,提升港口设施能力,部署机场安检设备,从而增强这些国家在港口安全、海关管理、打击贩运和

---

① "U. S. Engagement in the Pacific Islands: 2022 Pacific Islands Conference of Leaders", The White House, Sep. 13, 2022, https://www.state.gov/u-s-engagement-in-the-pacific-islands-2022-pacific-islands-conference-of-leaders/.

反洗钱方面的综合能力。① 巴布亚新几内亚长期被国际贩毒集团当作毒品过境地，美国国际麻醉品和执法事务局与巴布亚新几内亚于 2022 年 9 月联合开展"巴布亚新几内亚打击网络犯罪"项目，打击国际贩毒以及对妇女和儿童进行性剥削和贩运等犯罪活动。② 除此之外，美国协助太平洋岛国打击人口贩运活动，以实现其促进该地区善治和保护人权目标。自 2017 年以来，美国为太平洋岛国打击人口贩运活动提供了近 150 万美元的资金。2022 年 9 月，美国向太平洋岛国论坛提供 80 万美元用于开展为期五年的打击人口贩运活动。

（三）塑造美国的正面国际形象

国家运作的交流项目是公共外交最著名的组成元素。③ 美国在太平洋岛国的公共外交活动体现在教育援助，尤其是国际教育交流与合作、为科学研究提供资金和技术支持，以及提高媒体投资力度三个方面。

1. 开展国际教育交流与合作

美国在太平洋岛国的国际教育交流与合作项目范围涵盖了

---

① "Enhancing the U. S. – Pacific Islands Partnership", The White House, Sep. 25, 2023, https：//www. whitehouse. gov/briefing – room/statements – releases/2023/09/25/fact – sheet – enhancing – the – u – s – pacific – islands – partnership/.

② "U. S. Engagement in the Pacific Islands：2022 Pacific Islands Conference of Leaders", The White House, Sep. 13, 2022, https：//www. state. gov/u – s – engagement – in – the – pacific – islands – 2022 – pacific – islands – conference – of – leaders/.

③ ［英］尼古拉斯·卡尔著，陆泉枝译：《公共外交：数字化时代全球公共参与的基础》，上海人民出版社 2022 年版，第 131 页。

民主治理、社会正义、气候变化、公民政治参与、技术创新和可持续发展等多个领域。作为美国定向援助对象，南太平洋大学被授权使用美国国家航空与航天局的卫星开展科研项目，美国国际开发署提供1300万美元，资助南太平洋大学与夏威夷大学、康奈尔大学合作开展南太平洋区域农业发展项目，亚洲基金会资助美国药学院、夏威夷大学与南太平洋大学开展短期交流。美国还致力于培养接受美国教育和思想的学生和学者，在2023年设立了价值300万美元的奖学金项目，依托美国南太平洋奖学金计划、富布赖特计划和全球本科生交流计划为太平洋岛国本土学者前往美国提供资助，由美国新闻处负责的国际学生交流项目也在同步实施。

2. 支持当地科学研究项目

美国国际语言暑期学院的南太平洋地区项目以及太平洋共同体为负责实施的妇女发展、医疗健康、渔业管理提供资金支持，而且为科学研究员项目、太平洋岛屿森林恢复倡议、气候研究员计划和太平洋岛屿专业研究员方案提供技术支持。[1] 美国国务院还资助"自由联系国"和基里巴斯参与美国农业部举办的年度生物安全讲习班，旨在提升这些岛国预防、识别及根除入侵物种的能力，有效管理并减少对当地生态和人口的影响。

3. 提高媒体投资力度

媒体是太平洋岛国文化知识和信息共享的重要组成部分。数据显示，在太平洋岛国的媒体中，对美国报道的正面与负面

---

[1] "U. S. Engagement in the Pacific Islands: 2022 Pacific Islands Conference of Leaders", The White House, Sep. 13, 2022, https://www.state.gov/u-s-engagement-in-the-pacific-islands-2022-pacific-islands-conference-of-leaders/.

评价之比为 1∶4。这意味着，平均每五条关于美国的新闻报道中，将包含一条正面评价和四条负面评价。① 因此美国与当地媒体合作，提升在太平洋岛国的正面形象。作为美国国际开发署在太平洋岛国开展的 12 个项目之一，"加速影响项目"已向该地区的相关受益者提供了 400 万美元的援助资金。② 同时，美国正加大对太平洋岛国独立媒体的资金投入。面对自 2015 年起，瑙鲁、巴布亚新几内亚、所罗门群岛、斐济等国实施的脸书禁令，美国计划投入 18 万美元，专门用于支持太平洋岛国本土的独立媒体机构，包括为其提供内容制作和市场营销的专业培训。③ 另外，美国聚焦于太平洋岛国数字媒体硬件建设，美国国际开发署于 2023 年投资 200 万美元并计划额外投入 1200 万美元，用于铺设连接所有太平洋岛国的海底电缆，并加快卫星技术的部署，协助从 3G、4G 基础设施向 5G 的过渡，加速太平洋岛国数字化转型。

（四）加强与太平洋岛国的安全合作

在安全领域，美国持续聚焦于与其历史紧密相连的太平洋

---

① Blake Johnson, Joshua Dunne, "Australia, The US and Their Partners Need to Engage with Local Media in the Pacific", Aug. 5, 2022, https：//www.aspistrategist.org.au/australia - the - us - and - their - partners - need - to - engage - with - local - media - in - the - pacific/.

② "Evaluation Report: Accelerated Impact Procedure", USAID, Apr. 27, 1984, https：//pdf.usaid.gov/pdf_docs/PDAAP701.pdf.

③ "U.S. Engagement in the Pacific Islands: 2022 Pacific Islands Conference of Leaders", The United States Senate, Sep. 13, 2022, https：//www.state.gov/u - s - engagement - in - the - pacific - islands - 2022 - pacific - islands - conference - of - leaders/.

地区，主动加强与太平洋岛国的安全合作。这种合作主要涉及军事协助、情报共享、反恐作战等方面，旨在提升该地区的稳定性和安全性。美国通过这种安全合作，努力维护其在太平洋岛国的战略利益和影响力。这种安全合作不仅有助于太平洋岛国提高自身的防御能力，更有助于美国在这一关键地区实现其长期的战略目标。

1. 资助销毁未爆炸弹药

自 2009 年以来，美国国务院通过常规武器销毁计划为太平洋岛国销毁二战时期的未爆炸弹药和遗留武器提供资金援助。美国在太平洋岛国投入 420 万美元处理未爆炸弹药，以增强区域安全和促进发展。其中，100 万美元用于所罗门群岛的未爆炸弹药，在斐济培训了 15 名军事人员，在帕劳清理了 1276 件未爆炸弹药，并响应巴布亚新几内亚请求，在当地部署了未爆炸弹药应急响应部队。

2. 提供军事业务培训

在"印太战略"框架下，美国国务院安全援助办公室制订了外国军事融资及国际军事教育和培训计划，用于提高太平洋岛国的海权意识、应对气候变化能力和保护其海上边界利益的能力。一方面，美国致力于培养"未来军事领导人"，于 2018—2023 年向斐济、汤加和巴布亚新几内亚提供了逾 200 万美元的国际军事教育与训练项目资金。通过该项目，共有 43 名斐济学生、16 名汤加学生和 25 名巴布亚新几内亚学生在美国军事教育机构接受了专业培训。另一方面，自 2017 年以来，美国海岸警卫队多次与太平洋岛国举办联合演习并提供海上安全培训。①

3. 将太平洋岛国纳入"印太战略"伙伴关系网络

特朗普政府于 2019 年 6 月发布的《自由开放的印太战略》指出，"印太战略"需要依赖合作伙伴的军事网络，以维护美国海军在印太地区的"航行自由"。② 拜登政府于 2021 年 3 月发布了《临时国家安全战略纲要》，又进一步明确将加强与太平洋岛国的伙伴关系。美国印太司令部司令菲利普·戴维森表示，太平洋岛国对于美国进行军事力量战略投送和开展军事训练，推进美国"重新获得优势"的计划具有至关重要的作用。③ 为此，美国注重提升不设常备军的太平洋岛国的自主防御能力。一方面，美国于 2021 年向基里巴斯、图瓦卢、斐济、汤加和巴布亚新几内亚各提供 50 万美元用于警察部队的训练，并额外提供武器装备。另一方面，强化"自由联系国"的战略支点作用。自《自由联系条约》签订以来，美国每年向"自由联系国"提供约 1 亿美元用于防务力量建设。除此之外，美国国防部于 2021 年计划扩大在"自由联系国"的官方代表权和安全合作办事处的权限，将双方安全合作的范围从传统安全扩展到打击贩毒和人

---

① "Enhancing the U. S. – Pacific Islands Partnership", The White House, Sep. 25, 2023, https：//www.whitehouse.gov/briefing – room/statements – releases/2023/09/25/fact – sheet – enhancing – the – u – s – pacific – islands – partnership/.

② "U. S. Engagement in the Pacific", The U. S. Embassy in the Republic of Palau, Aug. 1, 2014, https：//pw.usembassy.gov/fact – sheet – u – s – engagement – pacific/.

③ "Statement before the Senate Armed Services Committee on U. S. Indo – Pacific Command Posture", The United States Senate, Mar. 9, 2021, https：//www.armed – services.senate.gov/imo/media/doc/Davidson_03 – 09 – 21.pdf.

口贩运等非传统安全领域。①

三、美国对太平洋岛国策略与路径的局限性

近年来,美国将南太平洋地区提升为"战略重点"区域,②增加对太平洋岛国的国际发展援助和投资合作项目数量,加快基础设施建设,促进当地社会的法治和民主治理。即便如此,美国对太平洋岛国战略选择与行动仍收效甚微。

第一,受"美国例外"因素的影响,美国对于太平洋岛国的发展问题缺乏足够的明确认识。对太平洋岛国而言,一方面,美国缺乏对于这些国家发展需求、愿景、目标及最佳实践的连贯认知基础,也未形成明确的指导性理论框架,其政策主要是一系列应对气候变化、生态多样性保护、公共卫生治理、自然灾害应急准备,以及基于市场的私营部门投资等问题的行动建议。另一方面,美国在太平洋岛国及其周边地区单方面增强军事部署,加剧了该区域的对抗风险。美国的"印太战略"旨在加强与盟国在地区安全上的合作,扩大其在该区域已然强大的军事影响力。2021年9月,美国与英国和澳大利亚达成关于支持澳大利亚采购核动力潜艇等内容的协议,帮助澳大利亚掌握核技术,拥有相对独立的生产能力。这种寻求更大规模的核扩

---

① "U. S. Engagement in the Pacific Islands: 2020 Pacific Pledge", The White House, Oct. 1, 2020, https://2017 - 2021. state. gov/u - s - engagement - in - the - pacific - islands - 2020 - pacific - pledge/index. html.

② "Renewing America's Advantages: Interim National Security Guidance, National Security Council", The White House, Mar. 5, 2021, https://www. whitehouse. gov/wp - content/uploads/2021/03/NSC - 1v2. pdf.

散行为也预示着美国在太平洋岛国及周边区域的军事存在方式显著升级。澳大利亚前总理保罗·基廷指出,实际上中国从未对美国构成"威胁",而是它在南太平洋地区的存在对美国的霸权地位构成了挑战。①

除增加兵力部署外,美国加快构筑地区安全机制的举措也同样引起了太平洋岛国的质疑。在太平洋岛国看来,"四方安全对话"机制是以美国为首的地区安全机制,其"民主弧线"将太平洋岛国囊括其中。美国传统的合作伙伴如新西兰的"太平洋重置"计划和澳大利亚的"太平洋升级"政策实则为"新殖民主义"政策。② 基里巴斯总统塔内希·马茂对此表示,美国从未平等对待太平洋岛国,其构建的地区安全机制破坏了太平洋岛国致力于实现南太平洋地区无核化的努力,太平洋岛国正被卷入一种并非自己制定的军事化战略,并破坏它们有价值的发展倡议。即便部分太平洋岛国接受美国在南太平洋地区的安全主张,也只是希望从美国获取更多援助资金。③

总之,"美国例外"的战略文化导致美国对威胁的判断标准过于宽泛,高估了假想性的外部威胁,低估了执行过程中的困难。

第二,受"有限干预"因素影响,美国战略目标的理想化、

---

① Sydney Morning Herald, "A Relic of a Bygone Age? I Might Be, But I'm Not a Defeatist", Sep. 29, 2021, https://www.smh.com.au/world/asia/a-relic-of-a-bygone-age-i-might-be-but-i-m-not-a-defeatist-20210928-p58vdu.html.

② Rush Doshi, "The Long Game: China's Grand Strategy to Displace American Order", Oxford University Press, 2021, pp. 177-180.

③ "The Americans are Coming", Council Pacific Affairs, Jul. 9, 2021, http://www.councilpacificaffairs.org/analysis/the-americans-are-coming.

简单化、绝对化倾向严重,往往缺乏历史感且无视战略文化差异。战略文化是美国对太平洋岛国战略选择与行动路径依赖的深层根源。美国的战略文化带有鲜明的单边性特征,基于"不同地域的人民在本质上与美国人相似,在特定的环境下会以类似的方式作出反应"的假设,① 使得美国在处理太平洋岛国事务时,未能考虑其中的复杂性,导致其解决问题的方法简单化。由于角色身份依赖于文化②,美国在处理与太平洋岛国的关系时,忽略了这些岛国对于来自美国的小型援助项目的认识和期望,导致美国在构建与这些岛国的机制化关系方面效果不佳。这种情况在援助项目的后续维护中尤为明显。对于太平洋岛国来说,国际发展援助是其重要的经济来源,其人均受援助额度已超过世界上其他任何地区。③ 美国原计划在太平洋岛国组建由双方共同出资支持的技术顾问团队以保障援助资金的有效使用和项目建设,但是太平洋岛国难以承受此项开支。为此,图瓦卢政府宣布暂停每年进行的例行轮换,以减轻政府为国外技术人员提供食宿的经济负担。④ 到 2021 年,美国在太平洋岛国推

---

① [美]约翰·加迪斯著,时殷弘、李庆四、樊吉社译:《遏制战略:战后美国国家安全政策评析》,世界知识出版社 2005 年版,第 27 页。

② [美]亚历山大·温特著,秦亚青译:《国际政治的社会理论》,上海人民出版社 2008 年版,第 222 页。

③ "Net ODA Received Per Capita", World Bank, Dec. 31, 2020, https://data.worldbank.org/indicator/DT.ODA.ODAT.PC.ZS.

④ "Tuvalu: Supporting Reforms to Strengthen Fiscal Resilience and Improve Public Service Delivery", Asian Development Bank, Dec. 31, 2021, https://www.adb.org/sites/default/files/evaluation-document/762316/files/tcrv-9419.pdf.

进的关于实现联合国可持续发展目标的17个项目进展缓慢。①此外，美国在提供援助时常常忽视受援国的实际需求，过分关注经济成本问题。例如，在2006年的瓦努阿图公路援建项目中，美国原计划投资6600万美元以实施11个项目。但在项目执行过程中，由于成本估算不足和预算控制问题，美国最终决定大幅削减计划，仅保留2个项目。②项目完成后，瓦努阿图政府面临财政困难，难以承担美国技术团队所需的高额维护费用。加之当地运营管理机构能力有限，技术人员配备不足，导致该项目部分路段由于长期缺乏必要的保养维护，已出现严重损坏。

第三，受"战略拒止"因素影响，美国的地区安全主张未能获得广泛支持。近年来，《自由联系条约》逐渐演变为限制美国与太平洋岛国关系发展的关键因素。随着太平洋岛国对是否续签该条约进行权衡，及美国考虑是否为此增加对这些国家的经济援助，"战略拒止"原则限制了美国在战略决策和行动上的灵活性。

马绍尔群岛虽然与美国于2023年续签《自由联系条约》，但是双方围绕赔偿问题产生的利益分歧仍将长期存在。美军于1946—1958年在"自由联系国"附近海域进行了67次核试验，导致马绍尔群岛的埃尼威塔克环礁和比基尼环礁岛民受到严重的放射性损伤，美国为此支付超过6亿美元作为重新安置、康

---

① "United Nations Sustainable Development Goals Progress Chart", The United Nations, Jun. 15, 2021, https://unstats.un.org/sdgs/report/2021/progress-chart-2021.pdf.

② "Millennium Challenge Corporation: Results of Transportation Infrastructure Projects in Seven Countries", Government Accountability Office, Sep. 6, 2012, https://www.gao.gov/assets/gao-12-631.pdf.

复和医疗保健的费用。但是在 2022 年 9 月举行的美国—太平洋岛国峰会上，马绍尔群岛领导人暂停了关于《自由联系条约》续约的谈判并要求美国承担因核污染导致的持续的环境、公共卫生和其他福利问题，美国拒绝承担全部责任，成为美国与马绍尔群岛《自由联系条约》续签谈判的障碍。《自由联系条约》规定美国向"自由联系国"提供的经济援助主要以赠款和向契约信托基金捐赠的形式进行。条约到期后，信托基金将成为"自由联系国"主要的资金来源。然而，鉴于中国近年来对太平洋岛国的援助力度，美国担忧在条约到期后，会削弱美国对这些国家的控制力和影响力。尽管如此，美国目前除了增加经济援助外，似乎缺乏更有效的政策手段，限制了其在战略和行动上的调整空间。[1]

为保持对华竞争的战略优势，降低援助成本，拜登政府拉拢澳大利亚、日本、新西兰、英国参与构建"支持太平洋地区的繁荣、复原力和安全"的"蓝色太平洋倡议"伙伴关系。即便如此，美国在经济和安全领域开展的小多边合作仍存在自身的局限，其未来发展的深度和广度将受到限制。[2] 这是因为不同于传统联盟，拜登政府倡议的该联盟体系是半封闭半开放的动态机制安排，以功能性议题合作为导向，联盟成员的行为具有模糊性和不可预期性，且内部结构松散，联盟成员的协调能力

---

[1] Patricia O'Brien, "What Did the US – Pacific Summit Achieve?", Oct. 6, 2022, https://thediplomat.com/2022/10/what – did – the – us – pacific – summit – achieve/.

[2] 杨飞、方长平：《美国"印太"小多边合作的布局与前景》，《现代国际关系》2022 年第 10 期，第 9 页。

有限，难以避免集体行动困境，容易被外部力量稀释。①

四、结语

美国在太平洋岛国体现的战略文化，深植于历史与地理的双重维度。这种文化形成了一种独特的战略思维。在"美国例外"的理念下，美国加强了对太平洋岛国的政治和军事影响，并通过"有限干预"，避免过度干预太平洋岛国所处地区事务及各国内部纷争。同时，美国强调以"战略拒止"维护其在区域内的利益。然而，自冷战以来，美国对太平洋岛国的发展问题始终认知不足，战略目标理想化、简单化、绝对化倾向严重，缺乏历史感以及无视战略文化差异，导致其单方面提出的地区安全主张未获得太平洋岛国的广泛支持。虽然美国近年来提高了援助规模，致力于与太平洋岛国建立基于共同价值观的伙伴关系，但收效甚微。根本原因在于，这种战略文化深陷旧型国际关系和冷战思维的窠臼，在强调美国的价值观和利益时，忽视了太平洋岛国的实际需求和愿望，导致策略上的片面性，过分依赖军事存在的同时忽视了经济和文化合作的重要性。因此，美国对太平洋岛国的战略文化，虽然基于其历史和地理考量，采取了"战略拒止""有限干预"等方式，但由于忽视该地区复杂政治生态，过分偏重单一战略目标，其结果必然会损害与太平洋岛国间的战略协作。这种战略文化的局限性，不但降低了

---

① 张景全、罗华婷：《拜登政府对华围堵复合联盟战略及中国应对》，《东北亚论坛》2022年第6期，第49页。

其区域政策的有效性,而且将对美国保持其长期战略优势构成不利影响。

(本文原载于《太平洋学报》2024 年第 2 期,原文章名为《中国—中东欧"17+1"合作中的欧盟因素》[1])

---

[1] 本文作者:张颖、于鑫洋。

第三部分

全球安全治理

全球治理与全球安全治理

一、全球安全治理面临严峻挑战

当前，世界百年未有之大变局加速演进，全球经济复苏乏力，局部冲突和动荡频发，各种全球性威胁和挑战层出不穷。国际社会对全球安全治理的需求显著增加。

在2022年全球和平指数中，全球和平的平均水平下降了0.3%。尽管规模不大，但这种恶化是长期的。与2008年相比，当今世界的和平程度大幅下降，同期国家和平水平平均下降3.2%。

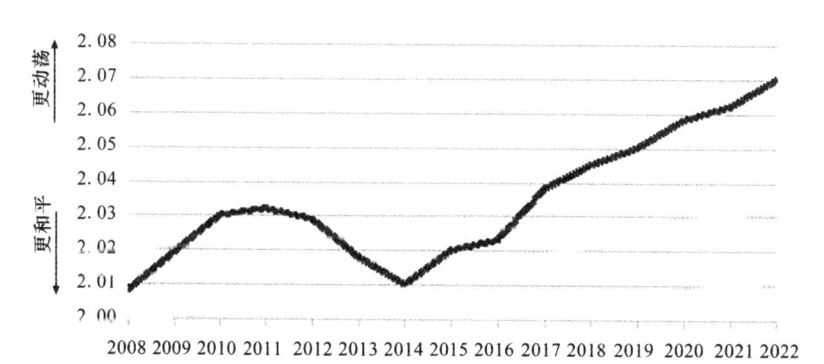

图8 2008—2022年全球和平指数得分总体趋势变化

资料来源："Global Peace Index 2022", OCHA, Jun. 15, 2022, https://reliefweb.int/report/world/global-terrorism-index-2022。

表10　2021年受恐怖主义影响最严重前十个国家

排名	国家	评分	名次变化
1	阿富汗	9.109	—
2	伊拉克	8.511	—
3	索马里	8.398	—
4	布基纳法索	8.27	↓2
5	叙利亚	8.25	—
6	尼日利亚	8.233	↑2
7	马里	8.152	—
8	尼日尔	7.856	↓4
9	巴基斯坦	7.825	↑2
10	喀麦隆	7.432	—

资料来源："Global Peace Index 2022", OCHA, Jun. 15, 2022, https://reliefweb.int/report/world/global-terrorism-index-2022。

全球治理的概念，最早由德国前总理维利·勃兰特在1990年任职国际发展委员会主席期间提出。马克·韦伯将全球安全治理确定为"规则的国际体系，有赖于多数受影响国家的接受，通过正式、非正式的规则机制驾驭跨越诸多安全以及与安全相关问题领域的行动"。

全球安全治理赤字是由多种因素造成的，但各国间对安全治理缺乏共识无疑是最主要因素，而安全观差异和分歧则是造成缺乏共识的主要原因。

二、全球安全治理的"中国主张"

党的十九大报告指出：中国将坚持推动构建人类命运共同

第三部分　全球安全治理

体,始终做世界和平的建设者、全球发展的贡献者、国际秩序的维护者。①

近年来,中国为推动全球安全治理体系变革提出了一系列新理念、新主张、新倡议,形成了具有中国特色、世界价值和时代特征的全球安全治理理念。引领和推动着全球安全治理实践,为解决国际安全问题贡献了中国智慧和中国方案。这些主张集中体现在习近平总书记提出的总体国家安全观、全球安全倡议等理念中。

习近平总书记指出:"世界那么大,问题那么多,国际社会期待听到中国声音、看到中国方案,中国不能缺席。"②

在百年未有之大变局的时代背景下,习近平总书记提出总体国家安全观思想,虽然主要是针对中国国家安全的维护与构建,但其丰富的理论内涵与安全治理思想,对全球安全治理具有重要的理论指导价值。总体国家安全观涵盖了政治、国土、军事、经济、文化、社会、科技、网络、生态、资源等领域。它主张的是"共商、共建、共享"的全球安全治理理念,倡导的全球治理体系是一种平等的、多层次、多中心的分散式结构,强调治理主体的多元性与平等性,主张所有国家平等参与全球安全事务治理,一个国家既要重视自身安全,又要重视共同安

---

① 习近平:《决胜全面建成小康社会 夺取新时代中国特色社会主义伟大胜利——在中国共产党第十九次全国代表大会上的报告》,教育部网站,2017年10月27日,http://www.moe.cn/jyb_xwfb/xw_zt/moe_357/jyzt_2017nztzl/2017_zt11/17zt11_yw/201710/t20171031_317898.html?eqid=cbb42ad700013272000000003646f2f03。

② 《习近平谈治国理政》第二卷,外文出版社2014年版,第443—444页。

全，坚持合作共赢，共同发展。①

全球安全倡议，是习近平主席在2022年4月博鳌亚洲论坛年会上提出的。全球安全倡议为破解全球安全治理失灵难题提供了重要思路与行动路线图，在当前国际安全局势极度复杂的背景下为解决关乎世界和平与发展大局的疑难问题贡献了中国方案。要"坚持共同、综合、合作、可持续的安全观，共同维护世界和平和安全；坚持尊重各国主权、领土完整，不干涉别国内政，尊重各国人民自主选择的发展道路和社会制度；坚持遵守联合国宪章宗旨和原则，摒弃冷战思维，反对单边主义，不搞集团政治和阵营对抗；坚持重视各国合理安全关切，秉持安全不可分割原则，构建均衡、有效、可持续的安全架构，反对把本国安全建立在他国不安全的基础之上；坚持通过对话协商以和平方式解决国家间的分歧和争端，支持一切有利于和平解决危机的努力，不能搞双重标准，反对滥用单边制裁和'长臂管辖'；坚持统筹维护传统领域和非传统领域安全，共同应对地区争端和恐怖主义、气候变化、网络安全、生物安全等全球性问题"②。全球安全倡议是中方提供的又一国际公共产品，是人类命运共同体理念在安全领域的生动实践。

---

① 李志斐：《总体国家安全观与全球安全治理的中国方向》，《中共中央党校（国家行政学院）学报》2022年第1期，第124、126—128页。

② 《习近平在博鳌亚洲论坛2022年年会开幕式上发表主旨演讲》，中国政府网，2022年4月21日，https://www.gov.cn/xinwen/2022-04/21/content_5686424.htm。

三、积极参与全球安全治理

党的十八大以来,中国积极推进国际共同安全和全球安全合作,为推动解决地区热点和全球性安全问题发挥了建设性作用。

(一)改革并完善以联合国为主导的全球安全治理体系

随着世界进入新的动荡变革期,全球治理尤其需要一个强有力的联合国,也期待负责任大国的引领。中国始终忠实履行联合国安理会常任理事国职责和使命,以实际行动坚定维护以联合国为核心的国际体系、以国际法为基础的国际秩序、以联合国宪章宗旨和原则为基础的国际关系基本准则,维护联合国的权威地位与核心作用。

习近平主席高度肯定联合国维和行动对于维护世界和平的重要意义,认为其"为和平而生,为和平而存,成为维护世界和平与安全的重要途径"[①]。

近年来,中国在以联合国为核心的安全治理框架内,不断深入参与联合国的活动,增加资金投入,是联合国第二大维和摊款国和会费国;积极参与联合国维和行动,是安理会常任理事国中派出维和人员最多的国家。中国在联合国维和行动中捐款的数额占总捐款的比重从20世纪90年代的0.9%左右上升到

[①] 《习近平出席联合国维和峰会并发表讲话》,新华网,2015年9月29日,www.xinhuanet.com/wrld,2015-09/29/c_1116705308.htm。

2000年12月的1.5%，到2008年的3%，2017年的10.25%，再到2020—2021年的15.21%。中国还通过提供财政援助支持非洲自主维和行动与能力。

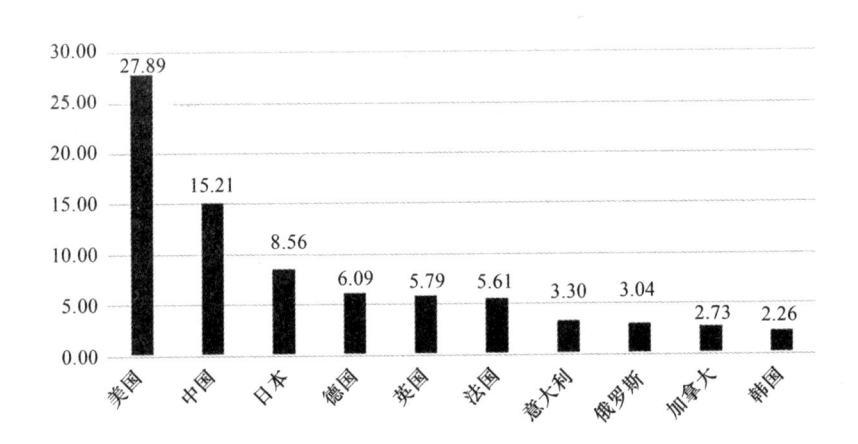

图9　2020—2021年联合国成员国维持和平行动摊款数额（前十名）（单位:%）

资料来源：联合国网站，https://peacekeeping.un.org/en/how-we-are-fundedhttps://undocs.org/Home/Mobile?FinalSymbol = A% 2F73% 2F350% 2FAdd.1&Language = E&DeviceType = Desktop&LangRequested = False。

根据联合国安理会决议，中国海军自2008年以来赴索马里海域、亚丁湾等执行护航任务，迄今已派出39批护航编队，累计完成约1400余批近7000艘中外船舶护航任务。2013年，我国首次派出具备安全警卫能力的安全部队参与联合国马里维和。

（二）加强新型安全等领域的双边和多边合作

对新型安全领域的治理，习近平总书记提出："要秉持和平、主权、普惠、共治原则，把深海、极地、外空、互联网等领域打造成各方合作的新疆域，而不是相互博弈的竞技场。"[①]

中国积极参与新型安全领域全球治理。如积极参与制定太空规则，中国已与俄罗斯、巴西、法国等数十个国家建立双边航天合作机制，并参加联合国框架下的空间组织。在这些双边和多边太空合作中，中国通过自身努力让太空技术惠及其他国家。在全球气候治理领域，以建设性姿态参与《联合国气候变化框架公约》下的历次大会和谈判，为《巴黎协定》的达成作出了历史性贡献。在公共卫生领域，积极同世界分享防疫经验，向各国输送大批抗疫物资、疫苗药品，践行了"中国疫苗作为全球公共产品"的郑重承诺。

（三）引领全球安全治理制度机制建设

中国作为负责任大国，不当旁观者、跟随者，而是要做参与者、引领者，要在国际规则制定中发出更多中国声音、贡献更多中国智慧。

在机制建设方面，近年来中国积极扩大上海合作组织等合作机制影响力、建设湄澜次区域合作等等。

2022年第77届联合国大会裁军与国际安全委员会通过了中国提交的"在国际安全领域促进和平利用国际合作"决议。这份决议的核心要义是捍卫广大发展中国家和平利用科学技术的权利，倡导在联合国框架下开展开放、包容、公正的对话，实

[①] 习近平：《共同构建人类命运共同体》，《求是》2021年第1期。

现和平利用与出口管制相辅相成、相互促进。中国提交的这项决议获得通过，反映了国际社会的普遍呼声，彰显了中国致力于维护广大发展中国家正当发展权益的责任担当。中国推动该决议，就是为了维护发展中国家的正当发展权利，推动世界朝着公平正义的方向发展。这也顺应了时代潮流，彰显了大国担当。

中国还发布了《携手构建网络空间命运共同体》白皮书，提出完善全球网络空间治理、构建网络空间安全共同体，主张加强关键信息基础设施保护和数据安全国际合作，及时共享网络威胁信息，合作打击网络恐怖主义和网络犯罪，共同维护网络空间和平与安全。

万物并育而不相害，道并行而不相悖。在21世纪的第三个十年，在贯穿传统安全和非传统安全的诸多领域中，各类矛盾与挑战层出不穷。从表面上看，新冠疫情和俄乌冲突属于带有"黑天鹅"性质的突发事件。然而，无论是公共卫生危机的快速蔓延还是地缘安全冲突的不断激化，都深刻地反映出全球安全治理处于严重失灵的状态，而既有全球安全治理体系中的结构性矛盾则是当前安全领域危机重重的主要根源。坚持共建共享，推动建设一个普遍安全的世界，是中国为世界和平提供的中国方案。

海洋安全的理念认知、现实意义和实践路径

随着中国的迅速崛起，海洋安全在总体国家安全中的地位日益凸显，其内涵日益丰富。中国作为典型的陆海复合型国家，积累近代痛失现代化建设机遇而腹背受敌的惨痛教训和改革开放以来的成功经验，能否兼顾大陆和海洋两个方面的安全与发展利益，特别是能否成功应对海洋安全领域的空前挑战，日益成为中国能否实现长治久安和持续走近世界舞台中央的关键问题。[①] 因此，大力加强对海洋安全的研究，为维护国家海洋安全提供坚实的理论支撑，已成为中国研究界刻不容缓的重要课题。

一、海洋安全理论现状与海洋安全认知

海洋安全问题一直是国际研究界的热门话题。各国基于其

---

① 邵永灵、时殷弘：《近代欧洲陆海复合国家的命运与当代中国的选择》，《世界经济与政治》2000年第10期，第47—52页；吴征宇：《论陆海复合型国家的战略地位——理论机理与政策选择》，《教学与研究》2010年第7期，第65—71页。

自身利益考虑以及对国际海洋秩序的认知，纷纷提出并不断发展海洋安全理论。其中，既有对现有国际海洋规范的认知与阐释，也有创新性发展规范的启迪性成果，同时也包括大量有待于各国相互交流与探讨的不同见解。各国对于海洋安全的界定不尽相同，其旨在维护本国海洋安全的政策也各有不同。因此，海洋安全既是国际社会的普遍关切，也是一种极具国家特色的理念。

（一）国际海洋安全理论和各国的海洋安全认知

海洋安全是一个内容广泛的综合性概念。从宏观视角看，海洋安全包括了如下三个层面的内涵。一是人类海洋安全层面。由于环境与气候变化和人类的破坏性开发，海洋这个人类生存最后的摇篮面临岌岌可危的命运；在人类命运共同体理念下携手应对海洋安全，已成为全人类刻不容缓的共同课题。二是国际海洋秩序层面。海洋在国际经贸往来中的重要性与日俱增，维护和发展公正合理的国际海洋秩序以及共同应对各国面临的海洋安全威胁，是国际社会的紧迫课题。三是国际关系中的海洋安全层面。数百年来的国际海权之争，正以新的形态在当今各大洋重演，尤其是各大国基于自身的海洋权益观而在海洋展开的角逐与竞争呈现愈演愈烈之势。

在有关海洋安全的上述各层面，各国研究界涌现出了大量成果。在国际上影响较大的有关于海洋安全的三种定义框架。[①]第一种框架是设定海洋安全矩阵，其中海洋安全的定义就是矩阵中四个概念的总和。这四个概念为：海洋环境、经济发展、国家安全和人类安全。第二种框架是通过解构威胁的方式实现安全的模式，即海洋安全就是指采取政策措施消除特定威胁。第三种框架是通过诠释行为体旨在促进海上安全的实践活动来定义海洋安全，由此得出海域意识、海面活动、执法活动、协调活动以及海洋外交五种海洋安全活动。这三类框架基本涵盖了现有的海洋安全定义。从总体上看，海洋安全可以从正面进行定义，认为海洋安全是对于海洋政治、经济、生态环境以及行为体海上活动权利的维护和保障；也可以从反面进行定义，认为海洋安全是对于海洋各类"不安全"因素的避免和消除。

不同时期、不同国家或地区的海洋安全政策及其实践各有千秋。以地跨大西洋和太平洋两岸的美国为例，根据其2005年发布的海洋政策，"美国的安全很大程度上依赖于世界海洋的安全利用"，海洋安全的主要威胁包括国家层面的威胁、恐怖分子威胁、跨国犯罪与海盗威胁、人为的环境破坏和海上非法移民。与此相对应，美国海洋政策的主要目标是防范海上恐怖主义、犯罪、敌对活动，保护海洋相关设施，使海洋破坏最小化并加大对海洋环境的恢复以及保护海洋自然资源。美国的海洋安全实践包括促进海洋合作、最大化海域意识、维护海上商业活动安全、部署不同层级的安全政策以及确保海上运输交通的连

[①] 关于海洋安全的定义，参见：Christian Bueger, "What is Maritime Security?", Marine Policy, Vol. 53, 2015, pp. 160 – 162。

续性。

在美国的海洋安全政策部署中,"海域"一词被反复强调,"大部分海域都并非由一个国家拥有主权或管辖权这一事实,进一步强调了建立强大有效联盟的必要性",美国海洋战略的长期性职能之一就是保证美国在所有海域准入的能力。[1] 这意味着美国的海洋战略允许它在世界上任何有争议的地区投放军事力量,并具有绝对的行动自由。可见,美国的海上策略旨在通过其在世界各海域的军事存在和干预以及建立海上联盟实现海军力量制衡,确保其海上力量的全球性绝对优势。以东亚地区为例,美国认为,如果该地区能够构成明显的区域均势进而增加各国的海军行动成本,那么包括中国在内的沿海国家试图开展"破坏"海洋安全秩序的军事行动都将会被阻止。基于这一考虑,美国需在东亚地区扮演至关重要的角色。[2]

总体而言,世界各国及地区组织对海洋安全的认知各有特色。不消说,美国的海洋安全认知是一种霸权安全认知,着重强调海域意识,核心是允许本国在全球海域为所欲为。印度对海洋安全的认知是强调传统军事威胁,维护周边海域为核心的海洋安全,包括应对威胁、应对冲突、建立良好海洋环境、维

---

[1] "The National Strategy for Maritime Security", The White House (President George W. Bush), Sep. 20, 2005, https://georgewbush-whitehouse.archives.gov/homeland/maritime-security.html; Frank T. Goertner, "American Maritime Strategy in a Digital Age", The Maritime Executive, Apr. 13, 2018, https://www.maritime-executive.com/editorials/american-maritime-strategy-in-a-digital-age.

[2] Zhengyu Wu, "Towards Naval Normalcy: 'Open Seas Protection' and Sino-US Maritime Relations", The Pacific Review, Vol 32, NO. 4, 2019, p. 17; Michael Leifer, "The Maritime Regime and Regional Security in East Asia", The Pacific Review, Vol. 4, NO. 2, 1991, p. 135.

护海岸线安全以及发展海军等五方面能力。① 欧盟的海洋安全认知，则强调"共同回应"，即全球海域的稳定性、法治和善政。②其他如日本、澳大利亚等传统海洋国家，也均拥有各自的海洋安全观、海洋安全政策与战略。

各国对海洋安全的认知，归根结底都会涉及海洋秩序问题。海洋秩序是一个跨国相互依存的问题。③ 关于海洋秩序的定义，迄今出现了各种不同的见解。有的西方学者提出，海洋秩序是指海洋事务中国家行为的一种相对稳定模式的存在，对于海洋使用和海洋资源使用权利的明确一致的规则，以及对于海上争端解决和冲突避免的一种有效机制。④ 有的学者指出，海洋秩序是指人类历史上不同利益集团，15世纪以后主要是各民族国家，为争夺海权或维护自身海洋权益而形成的相互间的政治、经济

---

① Gurpreet S. Khurana, "India's Maritime Strategy: Context and Subtext", Maritime Affairs: Journal of the National Maritime Foundation of India, Vol. 13, NO. 1, 2017, p. 11.

② "European Union Maritime Security Strategy", European Commission, Jul., 2016, https://ec.europa.eu/maritimeaffairs/sites/maritimeaffairs/files/leaflet-european-union-maritime-security-strategy_en.pdf; "Council Conclusions on the Revision of the European Union Maritime Security Strategy (EUMSS) Action Plan", General Secretariat of the Council, Jun., 2018, https://ec.europa.eu/maritimeaffairs/sites/maritimeaffairs/files/2018-06-26-eumss-revised-action-plan_en.pdf.

③ Ashley Tellis and Sean Mirski, eds., "Crux of Asia: China, India, and the Emerging Global Order", Carnegie Endowment for International Peace, Jan. 10, 2013, https://carnegieendowment.org/files/crux_of_asia.pdf.

④ Rebecca Strating, "Defending the Maritime Rules-Based Order: Regional Responses to the South China Sea Disputes", East-West Center, Jan., 2020, https://www.eastwestcenter.org/system/tdf/private/ewc_policy_studies_80_-_defending_the_maritime_rules-based_order_-_regional_responses_to_the_south_china_sea_disputes.pdf?file=1&type=node&id=37485.

和法律关系。① 较为流行的一种看法是，当今国际海洋秩序是由美国等西方国家主导的海洋秩序。因此，有美国学者索性指出："对于美国来说，拒绝或放弃自由的国际秩序，就是放弃自己最大的成就。"②

从概念上来看，海洋秩序首先表现为一种被确认了的海上势力分布状态，它在很大程度上有助于确保世界领导者自身的海上优势地位。③ 美国从里根政府以来就强调建立属于美国的"海上优势"，其在本质上体现的就是美国对于海洋秩序霸权的追求。④ 在实际操作层面，《联合国海洋法公约》试图使各国在公约框架下利用各类法律文书和机构开展合作，从而建立一个全新的、公正的国际海洋秩序。⑤ 但在现实中，《联合国海洋法公约》的有些规定明显对海洋大国和发达国家做出让步，这一被誉为"世界海洋宪章"的《联合国海洋法公约》，迄今为止美国仍没有加入。在这样一种西方主导的海洋秩序下，美国常常按照自身意愿处理海洋问题。美国的这种因国而异的态度与不公正的海洋秩序现状息息相关。

---

① 胡启生：《海洋秩序与民族国家——海洋政治地理视角中的民族国家构建分析》，黑龙江人民出版社2003年版，第26页。

② Paul D. Miller, "'Globalism' Is the Victory of Western Ideals", Foreign Policy, Feb. 10, 2017, https://foreignpolicy.com/2017/02/10/globalism-is-the-victory-of-western-ideals/.

③ 宋德星、程芬：《世界领导者与海洋秩序——基于长周期理论的分析》，《世界经济与政治论坛》2007年第5期，第104页。

④ 师小芹：《论海权与中美关系》，军事科学出版社2012年版，第249页。

⑤ Ashley Tellis and Sean Mirski, eds., "Crux of Asia: China, India, and the Emerging Global Order", Carnegie Endowment for International Peace, Jan. 10, 2013, https://carnegieendowment.org/files/crux_of_asia.pdf.

（二）海洋安全认知的形成与发展

党的十八大以来，随着综合国力的日益增强，中国对于海洋的认识不断加深，确认与维护海洋安全成为中国海洋政策的必然诉求。与美国的"因国而异"政策不同，中国的海洋安全观在强调维护自身及各国海洋权益的同时，呼吁建立更加公正合理的海洋安全秩序。

迄今，中国研究界的"海洋安全"定义已较为清晰，即海洋安全是指在海洋空间和海洋方向上的国家政权、主权、统一和领土完整、人民福祉、经济社会可持续发展和国家其他重大海洋利益，相对处于没有危险和不受内外威胁的状态，以及保障持续安全状态的能力。①

学术界关于海洋安全问题的相关论著较多，研究领域也从传统安全向非传统安全拓展。有的学者从海洋战略层面提出，中国既要保持战略定力，又要加强海洋经贸合作，促成双边或多边合作机制。② 有的学者则从海洋观层面提出"海缘世界观"理念，从人类、国家和生态生命三个层面构筑共同体范式的海洋世界观。③ 有的学者从综合视角分析中国的海洋安全，指出中国的海上利益使得中国强调海上防御并提出"近海防御""远海

---

① 国家海洋局海洋发展战略研究所课题组：《中国海洋发展报告（2017）》，海洋出版社2017年版，第223页。
② 王晓文：《美国印太战略与中国海洋安全态势》，《前线》2019年第12期，第15—16页。
③ 王书明、董兆鑫：《"海缘世界观"的理解与阐释——从西方利己主义到人类命运共同体的演化》，《山东社会科学》2020年第2期，第54—55页。

护卫"策略,但同时中国也寻求海洋合作,并不断更新自身的海洋法系统。①

而更多中外学者将中国的海洋安全研究重点放在中国的海军建设层面。有学者强调,中国海军不仅要保持近海优势和远海有效存在,还要加强应对非传统安全和维护良好海洋秩序的能力。② 有的学者认为,中国的海洋安全已经发生转变,在维护自身海洋利益中的姿态更加积极。③ 有的学者肯定了中国海军在远洋反海盗行动上的积极作用,并指出这些行动有助于提升中国的海上形象。④

海洋权益是主权国家在海洋中享有的各种权利和利益的统称,主要包括在领海的主权,在毗连区、专属经济区、大陆架等的经济主权权利和管辖权,在别国领海以外的自由航行、飞越权以及在别国领海的无害通过权等。

一般来说,中国的海洋权益包括国家基本安全、主权海域内的合法权益、海洋通道安全、海外权益的维护与拓展、和平利用公海及"区域"的权利等,它既包含对于本国海洋安全的捍卫,也涉及对于国际海洋和平的维护。从中国海洋权益的形成和发展过程看,"海洋权益"概念于20世纪90年代进入中国

---

① Swaran Singh, "Continuity and Change in China's Maritime Strategy", Strategic Analysis, Vol. 23, NO. 9, 1999, pp. 1493 - 1508.

② 胡波:《全球海上多极格局与中国海军的崛起》,《亚太安全与海洋研究》2020年第6期,第14页。

③ Alastair Iain Johnston, "How New and Assertive Is China's New Assertiveness?", International Security, Vol. 37, NO. 4, 2013, pp. 7 - 48.

④ Andrew S. Erickson and Austin M. Strange, "China's Blue Soft Power: Antipiracy, Engagement, and Image Enhancement", Naval War College Review, Vol. 68, NO. 1, 2015, pp. 71 - 91.

海洋安全相关法律。1992年2月25日开始施行的《中华人民共和国领海及毗连区法》和1998年6月26日开始施行的《中华人民共和国专属经济区和大陆架法》，均强调"维护海洋权益"。

1996年5月，中国加入《联合国海洋法公约》，该公约对于领海和毗连区、专属经济区和大陆架以及一些海洋综合问题进行了规定。这些规定构成了中国对于海洋权益系统性认识的基础，也是中国以综合性海洋权益视角维护海洋安全的一大进步。中国重视海洋权益的维护，始终以维护国际海洋法规为前提，主张通过和平方式处理中国与有关国家的争端。[①] 中国加入《联合国海洋法公约》，标志着其维护海洋权益与遵守国际海洋法在本质上是相辅相成的统一体。正如习近平在新加坡国立大学的演讲中所说："中国将坚持同直接当事国在尊重历史事实的基础上，根据国际法，通过谈判和协商解决有关争议。"[②]

党的十八大以来，中国对海洋安全的认知不断突破西方旧有海洋安全认知的局限，主张在维护中国正当海洋权益的同时，推动构建区域及全球海洋安全秩序。

二、海洋安全认知的现实意义

中国海洋安全认知的深化与扩展，对自身的发展和地区的

[①] 《习近平出席亚洲相互协作与信任措施会议第五次峰会并发表重要讲话——强调共迎机遇、共对挑战 携手开创亚洲安全和发展新局面》，《人民日报》2019年6月16日。

[②] 习近平：《深化合作伙伴关系 共建亚洲美好家园——在新加坡国立大学的演讲（2015年11月7日）》，《人民日报》2015年11月8日。

◇ 国际关系若干问题研究

繁荣与稳定乃至全球海洋治理,均具有重要意义。就国家层面而言,海洋安全是中国总体国家安全观的重要组成部分;就地区层面而言,中国的海洋安全认知拓展了中国周边安全和周边外交的范畴;就全球层面而言,中国的海洋安全实践是中国提供全球海洋公共产品、参与全球海洋治理的重要尝试。

(一)海洋安全是总体国家安全观的重要组成部分

总体国家安全观,是中国安全认知达到新高度的结晶。2014年4月,习近平在中央国家安全委员会第一次会议上提出:"当前我国国家安全内涵和外延比历史上任何时候都要丰富,时空领域比历史上任何时候都要宽广,内外因素比历史上任何时候都要复杂,必须坚持总体国家安全观。"[1] 总体国家安全观包含政治安全、国土安全、军事安全、经济安全、生态安全、资源安全、核安全等多种安全。海洋安全涉及其中的诸多安全领域,从而成为总体国家安全观的重要组成部分。

作为一个国家,特别是像中国这样的新兴大国,海洋安全的重要内涵与目的在于维护自身的海洋权益,为此必须拥有与其相应的有效手段。习近平强调,海洋在国家主权、安全、发展利益中具有突出地位。作为建设"海洋强国"的核心内容,维护国家海洋权益需要和平对话、谈判协商,也需要构建与国力相适应、与国家发展需求相匹配的海上力量。

---

[1] 中共中央党史和文献研究院编:《习近平关于总体国家安全观论述摘编》,中央文献出版社2018年版,第4页。

第三部分 全球安全治理

近年来，东亚日益成为各国海洋竞争与角逐的重点区域，其显著标志就在于该地区正在成为世界海军活动的新中心，其海洋安全演变趋势不容乐观。一方面，美国以其全球领先的海军实力加强在太平洋海域的干预行动。另一方面，美国还推动其盟国及一些国家在南海采取干预行动；在非传统安全领域，日本向太平洋排放核污染水，使资源安全和核安全问题进一步凸显为区域热点。

在周边海洋环境日趋复杂的情况下，中国一方面倡导"共同治理，合作共赢"为指向的海洋安全观，坚持"主权属我、搁置争议、共同开发"的方针[①]；另一方面加强海上力量，通过"软实力"建设与"硬实力"建设并举来保持周边海洋环境的稳定，从而达到维护自身海洋权益的目的。

在致力于维护周边海洋权益的同时，推动完善国际海洋安全秩序，对于维护自身经济利益和积极参与全球海洋治理具有重要意义。近年来，中国致力于推动建设"蓝色海洋通道"，这是落实共建"一带一路"倡议海上合作的重要路径，也是与"一带一路"共建国家的海洋战略实现对接的重要路径。以海洋命运共同体理念完善国际海洋安全秩序，倡导各国之间"对话而不对抗，结伴而不结盟"，以合作包容精神尊重和照顾彼此的海洋利益和关切，是维护海洋安全秩序的有益尝试，也是总体国家安全观的重要组成部分。

[①] 中共中央党史和文献研究院编：《习近平关于总体国家安全观论述摘编》，中央文献出版社2018年版，第42页。

（二）对海洋安全认知深化扩展了周边安全及周边外交的范畴

自20世纪80年代"周边"一词出现在国际关系研究领域以来，其内涵不断深化。如今，中国学界"周边"概念包括"小周边"和"大周边"，前者通常指与中国领土领海直接相邻的国家和地区，而后者则指与中国在海上、陆上利益需求相重叠的国家和地区。除了范围上的变化，中国的周边外交也进一步向构建新型周边关系拓展。

从周边外交的视角看，海洋安全问题的提出是中国应对新型周边关系的重要举措。合作型海洋外交是中国周边外交的新模式，它既不采取霸凌、威慑、强迫方式，也不通过强制说服的手法，而是以吸引和激励消除周边国家的疑虑。[①]从"海上丝绸之路"建设进程看，中国通过促进沿岸贸易、投资和基础设施建设等举措吸引周边国家参与进来，使沿岸国家真正得到发展的实惠。以中国与东盟合作为例，在新冠疫情影响国际贸易的严峻形势下，其相互间合作并没有中断，2020年双方互为第一大贸易伙伴。中国与东盟已升级为全面战略伙伴关系。[②]

与此同时，中国提出海洋命运共同体理念，进一步深化了国际合作型海洋治理的内涵，推动落实海洋可持续发展目标，促进海洋环境生态建设、污染防治、海洋生物多样性保护利用，

[①] Christian Le Mière, "Maritime Diplomacy in the 21st Century: Drivers and Challenges", UK: Routledge, 2014, p. 11.

[②] 习近平：《命运与共 共建家园——在中国—东盟建立对话关系30周年纪念峰会上的讲话》，人民出版社2021年版，第1页。

以及加强区域安全合作,妥善解决涉海纠纷等。① 中国合作型海洋外交体现了"亲、诚、惠、容"的周边外交理念。中国正把这一外交理念从陆上安全扩大到海洋安全,从近地安全扩大到全球安全领域。

(三)海洋安全实践:深度参与全球海洋治理

20世纪90年代,研究界开始使用海洋治理这一概念。2002年,国际海洋学院的弗朗索瓦·拜莱特指出海洋治理的三要素——法律、制度和执行水平。② 迄今为止,中国主要在执行水平层面积极参与海洋安全治理,其主要途径是加入和执行《联合国海洋法公约》《巴黎协定》等国际条约。随着综合国力的不断增强,中国正越来越多地向各国提供海上公共安全产品,这一做法日益成为其深度参与海洋安全治理的重要方式。

海上公共安全产品,主要包括海上导航服务、海洋卫星通信、海上安全保障、海上医疗保障、海洋航道测量。除了上述公共产品之外,政策工具和机制建设上的作用与贡献也具有重要的公共产品功能。

党的十八大以来,中国日益显示出积极参与提供海上公共安全产品的意愿。如在海上导航服务和海洋卫星通信上,中国

---

① 习近平:《推动构建海洋命运共同体》,载《习近平谈治国理政》第三卷,外文出版社2020年版,第464页。
② Francois Bailet, "Ocean Governance: Towards an Oceanic Circle", International Ocean Institute, Sep. 25 - 26, 2002, https://www.un.org/depts/los/convention_agreements/convention_20years/presentation_ocean_governance_frbailet.pdf.

◇ 国际关系若干问题研究

的北斗卫星导航系统从2012年末开始提供区域服务，与美国的全球定位系统、俄罗斯的格洛纳斯卫星导航系统以及欧洲的伽利略卫星导航系统并称全球四大卫星导航系统。① 在海上安全保障方面，2020年10月14日，由导弹驱逐舰"太原"号和导弹护卫舰"荆州"号及补给舰"巢湖"号组成的中国海军第35批护航编队，顺利完成在亚丁湾、索马里海域的护航任务；时隔一年，2021年11月15日，中国海军第38批护航编队又光荣凯旋。② 在海上医疗保障方面，中国的海上医院船"岱山岛"号（"和平方舟"号）在医疗救助方面作出了突出贡献，它曾在亚丁湾海域及一些亚非国家停靠，为当地居民提供免费医疗服务。通过积极提供海上公共安全产品，中国正致力于维护海洋安全秩序，促进海洋安全合作，并提升自身在区域乃至全球范围内的海洋安全治理能力。

随着中国国力的不断提升，积极提供海上公共安全产品，中国在全球海洋安全治理中扮演着越来越重要的角色。习近平指出，"我们欢迎各国结合自身国情，积极发展开放型经济，参与全球治理和公共产品供给，携手构建广泛的利益共同体"。③ 从海洋航道测量角度来看，中国不仅不断提高自身在航道、海

---

① W. Gao, C. Gao and S. Pan, "A Method of GPS/BDS/GLONASS Combined RTK Positioning for Middle-Long Baseline with Partial Ambiguity Resolution", Survey Review, Vol. 59, NO. 354, 2017, pp. 212–220.

② 江山：《中国海军第35批护航编队完成亚丁湾、索马里护航任务凯旋》，中国军网，2020年10月15日，http://www.81.cn/hj/2020-10/15/content_9918900.htm；《中国海军第38批护航编队凯旋》，环球网，2021年11月17日，https://world.huanqiu.com/article/45cU7cCOVRX。

③ 习近平：《携手推进"一带一路"建设——在"一带一路"国际合作高峰论坛开幕式上的演讲》，《人民日报》2017年5月15日。

岸和港口的海图覆盖率，而且依靠自身的先进技术，为东南亚、西亚和北非等海图覆盖率较低的国家提供了技术支持与帮助，从而推动了各国海洋航道测量、海上气象预报水平的提升。除此之外，中国还通过推动沿线港口建设提供了更多综合类的公共产品。"海上丝绸之路"沿线的关键港口具有物资补给、船舶维修、信息搜集、海洋监测、人道主义救助、医疗救助、海洋维权等功能，并可以进一步促进各国的海上工程建设以及电子海道数据交换。[①] 通过港口建设，不但带动了共建国家的经济贸易和基础设施建设，还为共建国家海上航行安全、应对自然灾害、处理环境灾难等提供了物质条件。

中国不仅是区域大国，而且正日益成为具有重要国际影响的全球性大国。在这一过程中，积极参与到全球治理体系中是展现中国大国担当与能力的重要标志，也是中国推动构建新型国际关系的重要一环。中国对海洋安全的认知与实践，正通过提供海上公共安全产品的方式体现出来，以此为全球海洋治理乃至全球治理作出贡献，这种尝试无论是对中国还是对国际社会都具有重要的积极意义。

三、海洋安全的实践路径

中国海洋安全的实践路径，依循的是海洋安全战略目标、基于区域及跨区域经贸合作的安全保障、以价值观认同实现海

[①] Chongwei Zheng, etc., "21st Century Maritime Silk Road: A Peaceful Way Forward", Singapore: Springer, 2018, p. 97.

◇ 国际关系若干问题研究

洋安全合作及海洋终极安全三重理念逻辑,具体包括建设"海洋强国"、发展"海上丝绸之路"以及构建海洋命运共同体三个实践维度。

(一)海洋安全战略目标

党的十八大以来,中国政府越来越重视海洋安全问题。2013年7月31日,习近平在中共中央政治局第八次集体学习时指出,建设海洋强国是中国特色社会主义事业的重要组成部分。海洋在维护国家主权、安全、发展利益中的地位更加突出,在国际政治、经济、军事、科技竞争中的战略地位也明显上升。要统筹维稳和维权两个大局,坚持维护国家主权、安全、发展利益相统一,维护海洋权益和提升综合国力相匹配。[1] 这是习近平首次对建设"海洋强国"的目标进行系统性诠释,成为近年来中国维护海洋安全的政策基础。

中国是一个海洋大国,海域面积十分辽阔。向海洋进军,加快建设"海洋强国",包括拥有强大的海防力量和在维护海洋和平发展方面的强大实力,前者强调以军事实力维护国家安全,后者强调尽国际义务及大国责任。建设一支现代化的海军对于维护和巩固海洋安全具有重大意义。2017年5月24日,习近平在视察海军机关时指出,海军是战略性军种,在国家安全和发

---

[1] 《习近平在中共中央政治局第八次集体学习时强调 进一步关心海洋认识海洋经略海洋 推动海洋强国建设不断取得新成就》,《人民日报》2013年8月1日。

展全局中具有十分重要的地位。①

中国的海洋安全战略目标可以概括为以下三方面：一是合理有效利用海洋资源，成为海洋经济强国；二是有效管理和控制部分海域，成为地区性海上优势力量；三是拥有雄厚的海洋外交能力和对地区及世界海洋事务的强大影响力。② 在经济安全方面，世界上很多开采、航行和运输等海洋经济活动都需要海军的保护，最典型的事例是对于专属经济区内相关自然资源的保护；在地区威慑方面，中国海军的"近海防御"战略要求中国具备遂行近海海域海上战役的综合作战能力；在海洋外交方面，军事是政治的延伸，强大的海军不仅可以维护本国的海洋权益，而且对区域稳定也起到至关重要的作用。由此可见，海军发挥着十分重要的外交作用。③

中国的海洋安全建设，以维护本国正当海洋权益、促进全球海洋安全秩序朝着更加公正合理的方向发展为前提，以成为海洋经济强国、确立地区性海上优势力量和强大的海军为战略目标。这一目标的确定，提升了海洋安全在中国国家安全战略中的地位，为中国海洋安全建设提供了总体方向。

---

① 《习近平在视察海军机关时强调 努力建设一支强大的现代化海军 为实现中国梦强军梦提供坚强力量支撑》，《人民日报》2017 年 5 月 25 日。

② 胡波：《中国海洋强国的三大权力目标》，《太平洋学报》2014 年第 3 期，第 78 页。

③ Christian Le Mière, "Maritime Diplomacy in the 21st Century: Drivers and Challenges", Routledge, 2014, p. 119.

（二）基于经贸合作的海上安全保障

随着综合国力和国际地位的不断提升，中国正前所未有地走近世界舞台的中央，推动中国在全球海洋安全治理中扮演越来越重要的角色。作为共建"一带一路"的组成部分，"海上丝绸之路"天然具有全球治理和公共产品供给的属性。而从海洋安全的视角看，"海上丝绸之路"这一原本属于经济范畴的概念包涵了以下三方面内容：各国合作促进海洋安全、陆海统筹巩固安全、四海联动拓展安全。

首先，"海上丝绸之路"强调建设海洋合作伙伴关系，以此促进全球海洋安全。2013年10月3日，习近平在访问印度尼西亚时首次提出了"海上丝绸之路"倡议。[①] 海洋合作伙伴关系，意味着构建一种综合性的伙伴关系。以中国与东盟合作为例，双方在经贸领域设立了"中国—东盟海洋合作中心"，以此促进双方贸易规模不断扩大。在生态领域，"中国—东盟海洋科技合作论坛"机制成立，双方以这一机制为平台，加强了在防灾减灾、环境保护等领域的对话和项目建设。在人文交流领域，双方的交流日益密切，中国的"海上丝绸之路"相关剧目在海外进行演出，如泉州"海上丝绸之路"文莱特展等。[②] 在执法领域，"南海行为准则"框架推动了中国与东南亚各国在南海地区

[①] 习近平：《携手建设中国—东盟命运共同体——在印度尼西亚国会的演讲》，《人民日报》2013年10月4日。

[②] 《深厚的友谊 密切的交往——"海上丝绸之路"展在文莱举行》，《人民日报》2015年3月24日。

缓解分歧和部分解决冲突，这对于维护中国的周边海洋安全意义重大，因为任何形式的合作伙伴关系，都需要以维护海洋安全为基本保证。在生态领域，随着日本福岛核泄漏事故等环境安全事件频出，海洋安全更是备受瞩目。同样，"海上丝绸之路"建设也需要以全球海洋安全作为保障，而"海上丝绸之路"建设的进展也将相得益彰，极大地促进全球海洋安全的发展。

其次，"海上丝绸之路"可以促进国内外的陆海统筹发展，通过发挥经济走廊辐射作用巩固海洋安全。习近平指出："向海之路是一个国家发展的重要途径"，"海洋是高质量发展战略要地"。[①] 2015年3月，国家发改委、外交部和商务部经国务院授权发布《推动共建丝绸之路经济带和21世纪海上丝绸之路的愿景与行动》，强调了"一带一路"的陆海统筹作用。具体表现在，"海上丝绸之路"共建各国的港口与陆运通道紧密联系，如蓝色海洋通道与中蒙俄经济走廊、中国—中亚—西亚经济走廊、中巴经济走廊、孟中印缅经济走廊等的对接，有效促进了内陆地区交通拓展，增强了内陆国家或中国远海地区的陆海联运能力。

除经济辐射作用外，陆海统筹还能增强贸易运输的安全性与稳定性，避免对单一线路的过度依赖，进而保障各国贸易往来、能源运输的稳定。2021年3月23日，日本正荣汽船公司的"长赐"号巨轮在经过苏伊士运河时，船身偏离航道以至意外搁浅，导致运河双向堵塞，造成全球贸易严重受阻。这一事件充

---

① 《习近平在广西考察工作时强调 扎实推动经济社会持续健康发展 以优异成绩迎接党的十九大胜利召开》，《人民日报》2017年4月22日；《习近平致信祝贺2019中国海洋经济博览会开幕强调 秉承互信互助互利原则 让世界各国人民共享海洋经济发展成果》，《人民日报》2019年10月16日。

分体现了苏伊士运河的重要性,同时也使人们认识到,过度依赖单一的海运路线可能会增强海上活动的不安全性。为确保贸易通道畅通,中国横跨欧亚大陆的通道在利用苏伊士运河等原有海路之外,也开始注重"红海—地中海高铁项目"。[①] 通过陆海统筹,可以减轻全球经济对于马六甲海峡和苏伊士运河的依赖,从而减少海上不安全性所造成的损失。

无论是陆海统筹发展,还是蓝色海洋通道建设,安全问题均是重要的前提和保障。对中国而言,通过陆海统筹将极大地促进中国能源运输安全。2021年3月27日,中国和伊朗签署了"25年全面合作协议",这项协议就两国经济、政治和安全等达成了初步的合作计划,其中也包括中伊石油合作。长期以来,美国试图利用其强大的海军力量对中国石油运输进行干扰,如在马六甲海峡和龙目岛附近对向中国运送石油的油轮强行检查。[②] 而在上述协议签署后,中国和伊朗可以通过共建"一带一路"倡议平台建立陆路石油运输通道,减少中伊石油交易运输对于海路的依赖。因此,陆海统筹不仅能够推动"海上丝绸之路"的落地,也能在很大程度上保障全球贸易稳定与中国的能源安全。

最后,"海上丝绸之路"使得中国海上联通空间扩展至太平洋、大西洋、印度洋和北冰洋,扩大了中国海洋安全战略的辐射范围。2015年9月19日,中国与联合国开发计划署签署《关

[①] Emma Scott, "China's Silk Road Strategy: A Foothold in the Suez, But Looking To Israel", China Brief, Vol. 14, No. 19, 2014, pp. 10 – 14.

[②] Llewelyn Hughes, Austin Long, "Is There an Oil Weapon?", International Security, Vol. 39, NO. 3, 2015, pp. 178 – 179.

于共同推进丝绸之路经济带和21世纪海上丝绸之路建设的谅解备忘录》。① 这份备忘录标志着国际社会对于共建"一带一路"倡议和"海上丝绸之路"倡议的进一步认可。"海上丝绸之路"辐射范围进一步扩展,中国海上联通空间布局延伸为"四海联动"。截至2018年,中国海运互联互通指数保持全球第一,中国港口已与世界200多个国家的600多个主要港口建立了航线联系。② "四海联动"使中国对于海上安全的需求达到了前所未有的高度。

从总体上看,建设"海上丝绸之路"可以使中国通过在空间上扩展合作范围来加强陆海统筹,在内容上覆盖各个领域来促进综合安全。这里所说的综合安全,既包括因中国经贸往来的增加而需要在安全上保驾护航,也包括因与周边国家的交往增加而需要加强中国周边安全环境建设;既包括增强中国的海上军事实力以增强"海上丝绸之路"的畅通,并满足共建国家的安全需求,也包括推动中国增强海洋外交能力以解决海洋环境安全、交通安全甚至金融安全等。

(三) 以海洋命运共同体理念为中心的价值观认同

海洋命运共同体理念的提出,标志着中国海洋安全观提升

---

① 《中国与联合国开发计划署签署〈关于共同推进丝绸之路经济带和21世纪海上丝绸之路建设的谅解备忘录〉》,中国政府网,2016年9月20日,http://www.gov.cn/xinwen/2016-09/20/content_5109850.htm。

② 华侨大学海上丝绸之路研究院编:《21世纪海上丝绸之路研究报告(2018~2019)》,社会科学文献出版社2019年版,第7页。

到了一个新高度。2019年4月23日,习近平在集体会见出席中国人民解放军海军成立70周年多国海军活动外方代表团团长时,提出了海洋命运共同体这一理念。他指出,"我们人类居住的这个蓝色星球,不是被海洋分割成了各个孤岛,而是被海洋连结成了命运共同体,各国人民安危与共","希望大家集思广益、增进共识,努力为推动构建海洋命运共同体贡献智慧"。① 因此,对于关系到全球海洋安全的重大问题,各国需要群策群力共同予以解决。

海洋命运共同体理念,要求各国在谋求本国发展的同时,致力于促进共同发展,同舟共济,权责共担,加强在海洋经济、生态等方面的合作,促进各国海上安全和世界海洋安宁。习近平在博鳌亚洲论坛2015年年会开幕式上发表演讲指出,迈向命运共同体,必须坚持合作共赢、共同发展,加强海上互联互通建设,推进亚洲海洋合作机制建设,促进海洋经济、环保、灾害管理、渔业等各领域合作,使海洋成为连接亚洲国家的和平、友好、合作之海。② 由于海洋安全问题的复杂性和整体性,为了有效应对对挑战,还需要各国政府、司法机构及其他公私部门共同进行协商和协调。③

海洋命运共同体理念是中国海洋安全认知的升华,这一理念要求中国在维护自身海洋安全的同时促进世界海洋安全。世

---

① 习近平:《推动构建海洋命运共同体》,载《习近平谈治国理政》第三卷,外文出版社2020年版,第463—464页。

② 《习近平出席博鳌亚洲论坛2015年年会开幕式并发表主旨演讲 迈向命运共同体 开创亚洲新未来》,《人民日报》2015年3月29日。

③ Christian Buege, Timothy Edmunds, "Beyond Seablindness: A New Agenda for Maritime Security Studies", International Affairs, Vol. 93, NO. 6, 2017, pp. 302.

界各地区的海洋大部分都存在着各类争端,这些海洋争端能否得到和平解决,取决于相关国家能否共同采取"合作共赢"的政策。①

在海洋安全问题日益复杂化的情况下,海洋命运共同体理念的提出体现了中国具有全局性、先进性和可持续性的思维方式。这一理念倡导国家间的海洋安全合作,指出海洋问题是区域性和全球性问题,强调在道义上、责任上和人类命运上的相互认同。海洋命运共同体理念,以价值观认同实现海洋安全合作以及海洋终极安全,超越了海上霸权、"丛林法则"和零和游戏等西方传统国际博弈观念,具有很强的时代性和前瞻性,必将在国际海洋安全领域日益显示出其强大的生命力。

中国在迅速崛起的过程中,面临着前所未有的机遇和挑战。其中,海洋安全在中国总体国家安全中的地位日益凸显。能否成功应对海洋安全领域的空前挑战,日益成为中国能否实现长治久安的关键问题之一。

随着综合国力的日益增强,中国对于海洋的认识不断加深,确认和维护海洋安全成为中国安全战略的必然诉求。中国的海洋安全观是坚决维护本国的海洋权益和推动建立更加公正合理的世界海洋安全秩序的统一体。

从提出"海洋强国"目标,到提出共建"海上丝绸之路"倡议,再到提出海洋命运共同体理念,中国对海洋安全的认知不断丰富和发展,逐渐形成了兼具中国特色与全球视野的海洋

---

① Ashley Tellis, Sean Mirski, eds., "Crux of Asia: China, India, and the Emerging Global Order", Carnegie Endowment for International Peace, Jan. 10, 2013, https://carnegieendowment.org/files/crux_of_asia.pdf.

安全理论与实践。在这一前提下，中国在维护本国海洋安全利益的同时，主动参与到全球海洋治理和安全维护的进程之中。中国在参与区域与全球海洋安全治理的实践中，又进一步充实和拓展了对海洋安全的认知。随着自身地位和国际影响力的日益提升，中国对海洋安全的认知与实践，正在为其积极参与区域与全球治理提供着新思路。

（本文原载于《亚太安全与海洋研究》2022年第1期，原文章名为《中国海洋安全：理念认知、现实意义和实践路径》）